Praxishandbuch
Marketing

Erfolgreiches und kostengünstiges
Marketing für Selbständige

Bodo Schäfer

Kontakt zum Verlag

Tel.: 0700 / 346 947 366
Fax: 0700 / 346 947 329
Web: www.finwismedia.de
Mail: info@finwismedia.de

Projektmanagement/Lektorat:	Ralf Lieder, Meerbusch
Umschlaggestaltung:	Factory · Burkhard Lieverkus, Remscheid
Sprachliche Korrektur:	Ralf Lieder, Meerbusch
Layout und Satz:	Factory · Burkhard Lieverkus, Remscheid
Belichtung und Druck:	DCM, Meckenheim

ISBN 3-936135-08-8

2. Auflage 2005

„*Sagt den Menschen nicht,
wie gut Ihr die Produkte macht.
Sagt ihnen,
wie gut Eure Produkte sie machen.*"

Bodo Schäfer

Inhaltsverzeichnis

Vorwort

Jeder sollte sich ausgiebig mit Marketing befassen. Damit meine ich wirklich jeden: Angestellte, Unternehmer oder Freiberufler, ganz gleich in welcher Branche oder in welchem Bereich Sie arbeiten. Auch wenn Sie direkt nichts mit Werbung, PR, Marketing, Vertrieb, Verkauf usw. zu tun haben.

Warum?

Marketing bedeutet: (s)ein Zeichen setzen. („Leave a Mark"). Wir können auch sagen: Wir drücken unsere Einzigartigkeit, unsere Individualität aus. Positionierung bedeutet herauszufinden, worin Ihr Alleinstellungsmerkmal besteht. Marketing ist der Weg, dieses dann zu kommunizieren.

Erfolg ist heute ohne Marketing-Kenntnisse nicht denkbar. Ich weiß, wovon ich spreche: Ich coache viele Menschen. Einige auf sehr hohem Niveau. Dabei geht es um alle fünf Bereiche des Lebens: Gesundheit, Beziehungen, Geld, Emotionen und Job/Lebenssinn. Karriere und Vermögen hängen unmittelbar von unseren Marketing-Fähigkeiten ab. Aber wenn Sie es genau durchdenken, beeinflussen wir damit auch die anderen Bereiche unseres Lebens.

Außerdem ist Marketing viel mehr:

* *wie wir uns kleiden*
* *unsere Frisur*
* *was andere über uns sagen.*

Mein Coach schenkte mir anlässlich einer meiner ersten Erfolge einen wertvollen Füller. Er sagte: „Sorgen Sie dafür, dass Sie Ihren Namen so schreiben, dass er mit Respekt gelesen wird."

Das ist es, was Marketing-Kenntnisse Ihnen ermöglichen: Sie können entscheiden, wie Sie, Ihre Leistung und Ihre Produkte von anderen gesehen werden. Sie sind nicht Opfer, sondern Sie entscheiden. Wer sein Leben designen will, muss die Grundsätze des Marketing kennen.

Möge es Ihnen gelingen, **IHR** *Zeichen zu setzen – immer wieder.*

Herzlichst, Ihr

Marketing:
Eigentlich ist es ganz einfach…

Was ist eigentlich Marketing? Auf den ersten Blick sieht es ganz einfach aus. Die Aufgabe des Marketings ist: Kunden finden und sie dazu bewegen, ein Produkt oder eine Dienstleistung zu kaufen.

Doch was sich so leicht sagt, ist eine ganz schön komplizierte Aufgabe. Schauen Sie sich dazu einmal an, was Sie tatsächlich tun müssen, um ein Produkt an den Mann oder die Frau zu bringen: Sie müssen herausfinden, was die Kunden überhaupt haben wollen.

- *Sie müssen wissen, welche Konkurrenz-Angebote es gibt.*
- *Sie müssen sich entscheiden, auf welchen Vertriebsweg Sie Ihr Produkt zum Kunden bringen wollen (zum Beispiel über den Handel, über Direktverkauf, über das Internet…).*
- *Sie müssen einen Preis festsetzen.*
- *Sie müssen die passenden Werbemittel entwickeln …*

Die Sicht des Kunden

Damit Sie in diesem ganzen Marketing-Prozess die richtigen Entscheidungen treffen, ist eins besonders wichtig: den Blickwinkel zu ändern. Marketing heißt, das Unternehmen nicht mehr von innen, sondern von außen – mit den Augen des Kunden – zu sehen:

- *Was möchte der Kunde, was braucht er?*
- *Wie viel ist er bereit zu zahlen?*
- *Wie kann er auf unser Angebot aufmerksam gemacht werden?*
- *Welche Konkurrenz-Angebote hat er?*
- *Und warum sollte er sich für unser Angebot und nicht für das der Konkurrenz entscheiden?*

Das sind die Fragen, die eine Marketing-Strategie beantworten muss. Daraus wird deutlich, dass Marketing eine Aufgabe des gesamten Unternehmens und beinahe aller seiner Mitarbeiter ist – nicht allein die Aufgabe einer spezialisierten Abteilung. Die Definition des Marketing-Spezialisten

Manfred Bruhn macht das noch einmal deutlich. Die Definition klingt zwar etwas trocken-wissenschaftlich, trifft die Sache aber auf den Kopf:

„Marketing ist eine unternehmerische Denkhaltung. Sie konkretisiert sich in der Planung, Organisation, Durchführung und Kontrolle sämtlicher interner und externer Unternehmensaktivitäten, die durch eine Ausrichtung der Unternehmensleistungen am Kundennutzen im Sinn einer konsequenten Kundenorientierung darauf abzielen, absatzmarktorientierte Unternehmensziele zu erreichen.“

Was Marketing nicht kann

Einer der größten Fehler im Marketing ist, die Macht der Werbung zu überschätzen. Werbung ist nur ein Teil des Marketings! Wenn sich ein Produkt oder eine Dienstleistung schlecht oder gar nicht verkauft, glauben viele: „Da muss nur ein gutes Marketing her – und dann läuft die Sache.“ Die Realität ist schwieriger: Ein schlechtes Produkt, das niemand wirklich braucht, lässt sich auch mit dem besten Marketing und der kreativsten Werbekampagne nicht vermarkten. Gutes Marketing heißt: ein einzigartiges Angebot zu finden, die Wünsche des Kunden herauszufinden, die Aufmerksamkeit der richtigen Kunden zu finden, auf dem richtigen Werbeweg anzusprechen und die Bedürfnisse mit den Produkten oder Dienstleistungen zu befriedigen.

Positionierung: Die Nr. 1 werden

Erinnern Sie sich noch an den Namen des Mannes, der als erster den Mond betreten hat? Bestimmt haben Sie sofort den Namen Neil Armstrong auf der Zunge. Aber können Sie sich auch noch an den zweiten Mann erinnern, der nur 22 Minuten nach Armstrong aus der Landungskapsel herauskletterte?

Was hat das kleine Ratespiel mit Marketing zu tun? Es führt direkt zu einer der wichtigsten Fragen im Marketing. Zur Frage nach der Positionierung: Wie positionieren Sie Ihr Produkt oder Ihre Dienstleistung in den Köpfen der Verbraucher und im Vergleich zu anderen Produkten.

Und das kleine Spiel offenbart die wahrscheinlich wichtigste Erfolgs-Strategie: Versuchen Sie, sich in den Köpfen als die Nummer 1 zu positionieren. Denn auch, wenn die Leistung von Edwin Aldrin (er war der zweite Mann auf dem Mond) wohl kaum geringer war, als die von Armstrong, so erinnert sich trotzdem nur ein verschwindend geringer Anteil der Menschheit an ihn.

Diese Strategie sollten Sie immer im Kopf haben. Bei allen Ihren unternehmerischen Entscheidungen: Wie können Sie der Erste werden? Viele Unternehmer glauben, die Besten sein zu müssen. Sie tüfteln immer länger an einem Produkt herum und verlieren sich dann oft in Details, die für den Kunden nicht wichtig sind. Entscheidender ist es, der Erste zu sein, der eine für den Kunden interessante Neuerung auf den Markt bringt.

Andere Strategien

Neben der Nummer-1-Strategie, bei der Sie Ihr Produkt durch eine einzigartige Eigenschaft positionieren, gibt es natürlich noch andere Marketing-Strategien. Ich nenne hier zwei als Beispiele:

• Sie können sich gegen die Konkurrenz positionieren: Das läuft klassischerweise über den Preis (Motto: „Unser Produkt XY bietet die gleiche Leistung wie Z, kostet aber weniger").

• Viele Unternehmen versuchen, ihre Produkte durch ideelle Werte von der Konkurrenz zu unterscheiden: Das funktioniert häufig mit der Hilfe von Prominenten als Werbepartner („Das Shampoo, mit dem sich Claudia Schiffer die Haare wäscht.")

Beides kann funktionieren. Doch schauen Sie sich die wirklich erfolgreichen Unternehmen an: Beinahe alle sind durch die Positionierung als Nr. 1 zu dem geworden, was sie heute sind.

Die 7 Gesetze des Marketings

1. Kunden sind selbstsüchtig

Kunden sind im Grunde niemals an Ihrem Unternehmen interessiert, sondern allein daran, welchen Nutzen und welche Vorteile sie bekommen können. Deshalb ist die erste Grundregel des Marketings: Das Unternehmen und das eigene Angebot immer mit den Augen des Kunden sehen – das Unternehmen von innen nach außen kehren!

2. Viele, viele andere buhlen um die Aufmerksamkeit Ihrer Kunden

Sie sind niemals allein. Ihre direkten Konkurrenten buhlen um die Aufmerksamkeit Ihrer Kunden. Und Werbebotschaften aus ganz anderen Branchen als der Ihren beanspruchen die Aufmerksamkeit Ihrer Kunden – die

Zeit des Kunden ist jedoch begrenzt. Deshalb kann er sich nur mit Angeboten befassen, die für ihn relevant sind und ihm den größten Vorteil und einen möglichst einzigartigen Nutzen versprechen.

3. Versuchen Sie unverwechselbar zu werden

Die Aufmerksamkeit des Kunden gewinnen Sie, wenn sich Ihre Dienstleistung oder Ihr Produkt in einem für den Kunden wichtigen Punkt vom Angebot der Konkurrenz abhebt. Marketing ist deshalb immer besonders eng mit der Produkt- und Angebotsentwicklung verbunden.

4. Lügen ist verboten

Marketing und Werbung müssen sich auf echte Produktvorteile begründen. Werbliche Übertreibungen werden bis zu einem gewissen Maß vom Kunden akzeptiert. Doch in der Übertreibung muss immer ein wahrer Grundgehalt sein, der ein Produkt oder eine Dienstleistung in einem wesentlichen Punkt von der Konkurrenz unterscheidet. Gute Werbung kann kein schlechtes Produkt zu einem Erfolg machen.

5. Alles, was ein Unternehmen tut, ist Marketing

Der Kommunikationsforscher und Bestseller-Autor Paul Watzlawick hat gesagt: „Man kann nicht nicht kommunizieren." Das lässt sich auf die Welt der Unternehmen übertragen. Ein Unternehmen kann nicht nicht mit seinen Kunden kommunizieren. Ein Unternehmen ist dazu da, mit Kunden in Kontakt zu treten (dem Kunden Waren oder Dienstleistungen zu verkaufen). Das heißt, dass jedes Unternehmen in allen Abteilungen Marketing betreibt. Am erfolgreichsten sind die Unternehmen, die das mit Strategie betreiben.

6. Ihre Marketing-Strategie funktioniert nur, wenn alle mitziehen

Jede Abteilung, jeder einzelne Mitarbeiter Ihres Unternehmens ist ins Marketing einbezogen. Wenn die Buchhaltung eine Rechnung an den Kunden schreibt, kommuniziert Ihr Unternehmen mit dem Kunden. Wenn ein Kunde bei Ihnen anruft, bestimmt die telefonische Behandlung sein Bild von Ihrem Unternehmen und von Ihrem Angebot. Deshalb bezieht eine Marketing-Strategie alle Bereiche des Unternehmens ein. Das heißt: Ihre Strategie kann nur funktionieren, wenn alle mitarbeiten.

7. Gutes Marketing braucht Ziele und Planung

Marketing ist mehr als die Verteilung von Werbung. Deshalb braucht Ihr Marketing Ziele und Planung – egal, wie groß Ihr Unternehmen ist. Planung ermöglicht die sichere Durchführung. Durch die Festlegung von Zielen wird der Erfolg überprüfbar.

ZITATE:

„Nur Unternehmen, die in ihren Märkten die Nummer Eins oder Nummer Zwei sind, haben eine Chance, sich im weltweiten, zunehmend härteren Wettbewerb zu behaupten. Die Firmen, denen das nicht gelungen ist, wurden konsolidiert, geschlossen oder verkauft."

Jack Welch

„Das Ziel des Marketings besteht darin, das Verkaufen überflüssig zu machen. Es geht darum, den Kunden so gut zu kennen und zu verstehen, dass das Produkt oder die Leistung optimal zu ihm passt und sich somit von selbst verkauft."

Peter Drucker

USP: Drei Buchstaben, die über Ihren Erfolg entscheiden

USP, die Abkürzung steht für Unique Selling Proposition – zu Deutsch etwa: einzigartige Verkaufs-Idee. Gemeint ist damit eine Eigenschaft, die ein Produkt oder eine Dienstleistung von der Konkurrenz unterscheidet und dadurch einzigartig macht. Ein USP ist Voraussetzung für den Marketingerfolg. Nur ein Produkt oder eine Dienstleistung, die sich in einem für den

Kunden wichtigen Punkt von den Konkurrenten unterscheidet, hat die Chance vom Kunden angenommen zu werden.

Wenn Sie einen USP gefunden haben, dann haben Sie schon die wichtigste Arbeit erledigt. Dann ist alles andere beinahe ein Kinderspiel. Wenn Ihr Angebot einzigartig ist, dann ist es leicht Werbung zu formulieren und die richtige Zielgruppe zu finden.

Andersherum: Ein fehlender USP ist immer wieder der Grund für das Scheitern von Unternehmen. Wenn Ihr Angebot keine Einzigartigkeit besitzt, dann gibt es keinen Grund, gerade zu Ihnen zu kommen. Die einzige Chance, Kunden anzulocken, ist dann, mit dem Preis herunter zu gehen. Und das ist der Start eines ruinösen Preiskampfes, der über Kurz oder Lang in der Pleite endet.

Gehen Sie niemals an den Start, ohne einen USP gefunden zu haben. Suchen Sie, sprechen Sie mit Kunden, beobachen Sie die Konkurrenz! Behalten Sie die Augen offen, denn der USP kann in ganz unterschiedlichen Bereichen liegen. Schauen Sie sich einmal die Auto-Industrie an. Alle Automodelle, die zu einem Erfolg geworden sind, hatten etwas Neues, das vorher so noch nie da gewesen war:

• Viel Platz für die ganze Familie (Renault Espace)

• Passt in jede Parklücke (Smart).

• Unverwechselbares Aussehen (zum Beispiel der neue Mini)

Die Auswahl und die Suche nach dem richtigen USP ist von zentraler Bedeutung für Ihr gesamtes Marketing – ja, sogar für Ihr gesamtes Unternehmen: Bei der Produktentwicklung muss das Produkt eine einzigartige Beschaffenheit bekommen, damit es unterscheidbar wird. Bei der Planung der Marketingaktivitäten und bei der Auswahl der Zielgruppen muss überprüft werden, ob der USP für die Zielgruppe relevant ist. In der Werbung muss sichergestellt werden, dass der USP prägnant und pointiert für den Kunden herausgestellt wird.

Nutzen Sie die folgende Checkliste, um den USP Ihres Produkts oder Ihrer Dienstleistung herauszuarbeiten. Gleichzeitig können Sie die Stärken Ihrer Konkurrenz eintragen. So sehen Sie auf einen Blick, ob Sie sich in einem wesentlichen Punkt unterscheiden, ob Ihr Angebot wirklich einzigartig ist.

Checkliste: Finden Sie den USP Ihres Angebots

	Eigenes	Konk.A	Konk. B	Konk. C
Hohe Produktqualität	○	○	○	○
Einzigartige, wichtige Produkteigenschaft	○	○	○	○
Einzigartige Serviceleistung?	○	○	○	○
Niedriger Preis?	○	○	○	○
Besondere Leistung im Vertrieb?	○	○	○	○
Außerordentliches Image des Unternehmens?	○	○	○	○
Psychologischer Zusatznutzen?	○	○	○	○
sonst.: ....?	○	○	○	○

31 Marketing-Fehler, die fast jedes kleine Unternehmen macht

1. Fehler: Mangelnde Positionierung

Richtig: Meistens wird keine Positionierungsstrategie verwandt, sondern Kleinunternehmen entstehen in der Regel, weil ein Gründer glaubt, durch persönliche Erfahrung eine Marktlücke erkannt zu haben bzw. aufgrund von persönlichen Interessen.

2. Fehler: Nachmachen, was die Konkurrenz macht

Richtig: Analysieren Sie die Angebote und die Strategie der Konkurrenz. Aber machen Sie niemals blind nach, was einer Ihrer Mitbewerber tut. Denn: Was lässt uns zu der Meinung kommen, unsere Konkurrenz wisse, was sie tut?

3. Fehler: Partnerschaften steigern den Profit

Richtig: Meist ist der Nutzen der Beziehung für die beiden Partner unterschiedlich groß. Einer der beiden wird meist ausgenutzt. Große Firmen haben daher frühzeitig die Entscheidung getroffen, keine Partnerschaften einzugehen.

4. Fehler: Nicht Marktführer werden wollen

Richtig: Eine Untersuchung der Harvard Business School ergab, dass Marktführer drei Mal höheren Gewinn erwirtschaften als Unternehmen, die auf Rang fünf oder darunter stehen.

5. Fehler: PR und Marketing wegdelegieren

Richtig: Natürlich sollen Sie eine Abteilung oder einen verantwortlichen Mitarbeiter haben, der sich um Marketing, PR und Werbung kümmert und das Alltagsgeschäft erledigt. Marketing muss aber immer Chefsache sein. Marketing-Entscheidungen sind die Kern-Entscheidungen jedes Unternehmens.

6. Fehler: Ralph Waldo Emerson behauptete: „Wenn jemand ein besseres Buch schreiben, besser predigen oder eine bessere Mausefalle bauen kann als sein Nachbar, dann werden die Menschen den Weg zu seiner Türe finden, auch wenn er tief im Wald wohnt."

Richtig: Professor Kottler hat im Gegenteil festgestellt: Ein Verbraucher mag zur Mäusebekämpfung vielleicht keine Mausefalle verwenden. Vielleicht bevorzugt er ein chemisches Spray, den Einsatz eines Kammerjägers oder eine Katze. Alle, die tatsächlich bessere Mausefallen konstruieren, sind damit furchtbar gescheitert. In einer Zeit, in der jedes Bedürfnis auf vielfältige Weise befriedigt werden kann, ist „besser" einfach nicht gut genug.

7. Fehler: Den Erfolg des Geschäftes davon abhängig zu machen, dass neue Produkte entwickelt werden bzw. das Programm erweitert wird

Richtig: Der Ruf des Hauptproduktes – wird so möglicherweise verletzt. Der Markenname passt eventuell auch gar nicht zum Produkt (von der Positionierung ganz zu schweigen). Möglicherweise tritt ein Kannibalisierungseffekt ein.

8. Fehler: Je attraktiver ein Angebot ist, desto häufiger wird es gekauft und umso größer ist der Erfolg

Richtig: Diese Aussage ist schlichtweg falsch, denn mit sehr attraktiven Angeboten ist oft kein Geld zu verdienen. (Siehe Autoindustrie: Der Preis eines durchschnittlichen Pkws hat sich innerhalb von 10 Jahren fast verdoppelt. Aufgrund der umfangreichen Ausstattung sind die Autos einfach zu teuer geworden.)

9. Fehler: Großabnehmer sind die besten Kunden.

Richtig: Die größten Abnehmer sind lange nicht immer gewinnträchtig. Großabnehmer stellen die meisten Forderungen, verlangen den günstigsten Preis und den besten Service. Je stärker ein Unternehmen von einem Kunden abhängig ist, desto anfälliger ist es für Geschäftsrückgänge.

10. Fehler: In meiner Produktkategorie gibt es nur wenige Zielmärkte, die in Frage kommen

Richtig: Für jedes Produkt und jede Dienstleistung, gibt es mindestens 10.000 Zielmärkte.

11. Fehler: Werbung ist dann am effektivsten, wenn eine Marke sich schlecht verkauft

Richtig: Warum sollte man in einen Markt investieren, in dem sich das Produkt schlecht verkauft?

12. Fehler: Zu wenige Vorteile nennen

Richtig: "The more you tell, the more you sell." Das Interesse der Verbraucher steigt mit der Anzahl der Wörter, Sätze und Eigenschaften.

Wenn z.B. zwei Eigenschaften aufgezählt werden, wollen nur 39 % der Kunden kaufen, bei 5 Eigenschaften sind es 73 %, bei 9 Eigenschaften 80 %, bei 12 Eigenschaften 86 %. Bei 20 Eigenschaften bereits 91 %.

Aber: Je mehr Botschaften ein Unternehmen in eine Anzeige packt, desto mehr sinkt der Erinnerungswert jeder einzelnen Botschaft und der gesamten Werbung. Eine Botschaft wird von 70 % der Leser am nächsten Tag behalten, zwei Botschaften nur noch von 50%, vier Botschaften von 40 %, sechs Botschaften von 35 %, acht Botschaften von 30 %, zehn Botschaften von 10%.

13. Fehler: Kontinuierliche Werbung

Richtig: Es hängt vom Produkt ab. Phasenweise Werbung eignet sich am besten für Produkte mit hoher Umschlagsgeschwindigkeit. Kontinuierliche

Werbung hingegen eignet sich für Produkte, die Verbraucher zwei Mal im Jahr oder seltener kaufen. Hier gilt die magische Zahl 7.

14. Fehler: Kleinunternehmer denken, sie haben keine Möglichkeit PR zu betreiben

Richtig: Sie haben diese Möglichkeit und Sie sollten sie nutzen. Jeder kann heute mit Redakteuren der Lokalzeitung sprechen, Mitarbeiter eines Fernseh- oder Radiosenders interessieren... Wenn sie Ihre Story nicht interessiert, fragen Sie danach, was sie interessieren würde.

15. Fehler: Ein Unternehmen muss feste Preise akzeptieren. Es kann die Preise nicht beeinflussen

Richtig: Ein Unternehmen ist nicht Preisnehmer, sondern Preisgeber. Das gilt immer dann, wenn nicht die Konkurrenz den Preis bestimmt, sondern die Einzigartigkeit der Positionierung.

16. Fehler: Direktmarketing wird immer effizienter

Richtig: Es wird zwar immer mehr Direktwerbung verschickt, doch immer weniger Verbraucher reagieren darauf. Das Wachstum im Versandhandel betrug in den letzten 10 Jahren insgesamt 10%, während das Angebot um 16% pro Jahr zunahm. All das weist eher auf steigende Ineffizienz und nicht auf steigende Effizienz hin. Sie müssen also kreativ sein und immer neue Wege suchen und finden.

17. Fehler: 100-prozentige Kundenzufriedenheit anzustreben

Richtig: Wir können nicht jeden Kunden jedes Mal befriedigen (das geht auch nicht beim Sex). Perfekter Service führt nicht automatisch zu maximalen Gewinnen.

Natürlich muss jedes Unternehmen seine Kunden zufrieden stellen. Die Frage ist nur, in welchem Ausmaß und um welchen Preis. Darüber hinaus müssen Sie wissen, dass es einfach nicht bei jedem Menschen möglich ist.

18. Fehler: „Wir dürfen keinen einzigen Kunden verlieren"

Richtig: Manche Kunden sollte man auf keinen Fall behalten. Nicht jeder Kunde ist für das Unternehmen gleich wichtig. Die Rentabilität der Kunden muss überprüft werden.

19. Fehler: „Ein Up-Selling-System kann ich nicht installieren"

Richtig: Die meisten Unternehmen betreiben Down-Selling statt Up-Selling. Up-Seling heißt: Den Kunden mit einem relativ preiswerten Produkt gewinnen und dann – wenn er Vertrauen in Sie gefunden hat – ein hochpreisiges Produkt verkaufen, mit dem Sie viel Geld verdienen. Ein gutes Up-Selling-System entsteht nur durch langes Überlegen. Diese Arbeiten sollten Sie nicht scheuen.

20. Fehler: Es wird versäumt, eine Hausliste zu erstellen und zu pflegen

Richtig: Sammeln und pflegen Sie die Adressen aller Kunden und Interessenten sorgsam. Der Grund dies nicht zu tun: Zum einen stehen dringendere Dinge an. Zum anderen: Der Unternehmer meint, damit beginnen zu können, wenn die Liste einigermaßen groß ist. Dann ist es jedoch meist zu spät.

21. Fehler: Den idealen Kunden und seine Probleme und Ängste nicht zu kennen

Richtig: Eine der wichtigsten Aufgaben jedes Unternehmers ist es, sich pro Woche mindestens einmal mit seinen Kunden zu unterhalten, bzw. darauf wenigstens zwei Stunden wöchentlich zu verwenden.

22. Fehler: Den LCV nicht zu berechnen

Richtig: Der Life Customer Value kann immer und sollte auf jeden Fall errechnet werden. Der Gedanke dabei ist: Berechnen Sie, wie viel bringt Ihnen Ihr durchschnittlicher Kunde in der Spanne ein, in der er Kunde Ihres Unternehmens ist. Wenn Sie diese Zahl haben, können Sie zum Beispiel relativ leicht entscheiden, wie viel Sie für die Gewinnung eines einzelnen Neukunden ausgeben können.

23. Fehler: Es werden die Eigenschaften statt des Nutzens betont

Richtig: Niemand will etwas über Eigenschaften hören. Wir wollen den Nutzen. Am besten den Nutzen des Nutzen. Erstellen Sie eine Liste mit allen Eigenschaften des Produktes. Fragen Sie sich bei jeder Eigenschaft: Was hat der Kunde davon? Und fragen Sie sich dann, was hat der Kunde jetzt davon? Auf diese Weise können Sie den Nutzen des Nutzen ermitteln. Führen Sie auf jeden Fall darüber Gespräche mit Ihren Kunden.

24. Fehler: Man glaubt, die Konkurrenz nicht beobachten zu müssen

Richtig: Wie oben bereits erwähnt, sollten Sie natürlich auf keinen Fall blind übernehmen, was die Konkurrenz tut. Aber indem Sie die Konkurrenz studieren, haben Sie eine sehr schöne Marktstudie. Sie lernen aus Fehlern und können Anregungen gewinnen, die funktionieren.

25. Fehler: Nicht ständig zu testen und die Resultate präzise zu notieren

Richtig: Getestet wird in der Regel nur, wenn eine eigene Marketing-Abteilung eingerichtet wird. Deren Mitarbeiter sollten in der Lage sein, Tests durchzuführen und die Ergebnisse präzise zu notieren. Tun Sie dies nicht, befinden Sie sich morgen auf exakt dem gleichen Stand wie heute.

Sie haben dann aus Ihren Fehlern nicht gelernt, weil Sie diese nicht kennen. Marketing hat sehr viel damit zu tun, Kosten und Aufwand zu optimieren. Wie wollen Sie das tun, ohne zu testen? Alles andere als präzise Zahlen ist als Grundlage amateurhaft und dumm.

26. Fehler: Schneller Wechsel der Marketing-Kampagnen

Richtig: Wenn Sie nicht gerade Produkte mit hoher Umschlagsgeschwindigkeit verkaufen wollen, so ist das auf jeden Fall falsch. Ein Kunde muss Ihre Anzeige sieben Mal sehen, bevor er den Wunsch hat zu kaufen – wenn er Ihr Produkt noch nicht kennt. Werben Sie darum in einem bestimmten Blatt lange Zeit – und zwar mindestens sieben Mal.

27. Fehler: PR-Agenturen und Werbeagenturen pro Stunde zu bezahlen

Richtig: Versuchen Sie auf jeden Fall, auf Erfolgsbasis zu bezahlen. Nur wenn Sie von der Leistung einer Agentur vollkommen überzeugt sind, vereinbaren Sie einen Fixpreis für eine bestimmte Aktivität. Das hat dann für Sie den Vorteil, dass Sie weniger zahlen, als Sie im ständigen Erfolgsfall zahlen müssten; der Vorteil der Agentur ist, dass sie eine ständige Einnahme erwarten kann.

28. Fehler: Zu denken, dass Marketing außerhalb der Firma stattfindet

Richtig: Marketing beginnt immer innen: Mt Positionierung, der Begeisterung und dem Einbeziehen und der Schulung der Mitarbeiter, der freundlichen Anrufentgegennahme, der Schnelligkeit der Auftragsannahme und -abwicklung.

29. Fehler: Kein klares Mission-Statement oder USP ausformuliert zu haben

Richtig: Eine gute Leistung, die nicht auf den Punkt gebracht werden kann, ist relativ nutzlos. Sie verschenken ungeheures Potenzial. Schließen Sie lieber Ihre Firma für einige Wochen und öffnen Sie erst wieder, wenn Sie ein faszinierendes Mission-Statement oder USP haben. Arbeiten Sie in dieser Zeit an Ihrer Positionierung.

30. Fehler: Nicht mehr zu geben, als Sie versprochen haben

Richtig: Was Sie versprochen haben, ist relativ unwichtig. Wichtig ist, welche Erwartungen Ihr Kunde an Ihr Produkt bzw. an Ihre Dienstleistung hat. Sie werden Ihren Kunden nur zufrieden stellen, wenn Sie diese Erwartungen erfüllen.

Das Problem ist, Sie kennen diese Erwartungen nicht bzw. jeder Kunde hat andere Erwartungen. Der einzige Weg ist darum: Geben Sie weit mehr als Sie versprochen haben. Versuchen Sie also nicht, Erwartungen zu erfüllen, sondern diese zu übertreffen. Das ist der einzige Weg.

31. Fehler: Stehen bleiben

Richtig: Die Kunden und das Marketing verändern sich. Deshalb müssen Sie konstant lernen. Lesen Sie die wichtigen Neuerscheinungen über Werbung und Marketing, besuchen Sie Seminare! Eine gute Möglichkeit: fin.wis veranstaltet regelmäßig Marketing-Seminare mit ausgesuchten Experten, von denen Sie die neuesten Marketing-Trends und -Ideen bekommen (mehr Infos: www.fin.wis.de).

Checkliste:
16 Fehler, die Sie ab sofort vermeiden

○ *Versuchen, allen alles zu bieten*

○ *Keine Tests zu machen*

○ *Keine Positionierung*

○ *Kein Up-Selling-System*

○ *Keine Hausliste, Adressliste der Kunden und Interessenten*

○ *Kein Bild vom typischen Kunden mit seinen Problemen und Ängsten*

○ *Den LCV (Life Customer Value) nicht berechnen*

○ *In der Werbung Eigenschaften statt Nutzen betonen*

○ *Keine Beobachtung der Konkurrenz*

○ *Keine systematische Erfolgs-Kontrolle*

○ *Alleinige Konzentration auf einen Werbeweg*

○ *Kein regelmäßiger persönlicher Kontakt zu Kunden*

○ *Stundenhonorare für PR- und Werbeagenturen*

○ *Die Vorstellung, dass Marketing außerhalb der Firma stattfindet*

○ *Niemals über den Nutzen des Nutzens nachzudenken*

○ *Kein Mission-Statement und kein USP*

○ *Nicht mehr zu geben, als Sie versprochen haben*

Zitate:

„Das Problem im Geschäftsleben ist heute, dass so viele Unternehmen sich immer wieder «das nächste große Management-Konzept» zu eigen machen – wie zum Beispiel TQM (Total Quality Management), Reengeneering, Downsizing oder was auch immer. In Wirklichkeit gibt es nur eins, was sie tun müssten: auf den Kunden hören und alles dafür tun, ihn zu überraschen."

Frank Gerson

So schreiben Sie Texte, die verkaufen

Auch wenn Sie Ihre Anzeigen oder Werbebriefe nicht selbst schreiben: Sie müssen die Grundregeln des Werbetextens kennen! Nur dann können Sie die Arbeit eines Texters beurteilen, nur dann können Sie vor der teuren Schaltung der Anzeige oder dem ebenso teuren Versand eines Werbebriefs (Mailings) abschätzen, ob der Brief oder die Anzeige die Chance hat, ein Erfolg zu werden.

Die Lüge von der Kreativität

Haben auch Sie Angst davor, selbst einen Werbetext zu schreiben? Dann sind auch Sie wahrscheinlich all denen auf den Leim gegangen, die uns erzählen wollen, dass man dafür besonders kreativ sein muss. Stimmt nicht! Das wollen uns nur die Werbeagenturen erzählen, die aus dem Werbetexten etwas Geheimnisvolles machen wollen. Die Wahrheit ist: Texten ist mindestens zu 90% Handwerk. Und das kann jeder lernen. Auch Sie.

Zum Glück gibt es dazu eine überschaubare Zahl von Regeln, die beinahe automatisch zu einem verkaufsstarken Text führen. Diese Regeln haben Unternehmer entwickelt, die viel Geld in Tests gesteckt haben: Vor allem Direktmarketing-Unternehmer aus den USA, die Anzeigen und Werbebriefe wieder und wieder in der Wirklichkeit getestet haben, bis Sie die Texte und Wörter gefunden haben, die am besten verkaufen. In diesem Kapitel finden Sie die wichtigsten dieser Regeln.

15 Regeln für verkaufsstarke Texte

Regel 1: Texte sind unwichtig – die 40/40/20-Regel

Ja, Sie haben richtig gelesen: Die Bedeutung des Werbetextes wird geradezu extrem überschätzt! Immer wieder kommen Unternehmer in meine Seminare und sagen: „Mein Produkt verkauft sich nicht mehr. Ich bräuchte einmal eine richtig gute Werbung!" Ich antworte dann immer: „Nein! Wenn Sie eine besonders gute Werbung für ein Produkt machen, das sich nicht mehr verkauft, dann sind Sie nur noch schneller Pleite!" Ein Angebot, das keiner haben will, kann durch Werbung nicht gerettet werden! Halten Sie sich die 40/40/20-Regel vor Augen. Danach entscheidet über den Erfolg oder Misserfolg einer Werbeaktion:

- zu 40% das Angebot (also das Produkt)

- zu 40 % die Adressliste (die Auswahl der Zielgruppe)

- und nur zu 20% der Werbetext.

Ihr Erfolg hängt also zu 80% davon ab, dass Sie das richtige Produkt zum richtigen Zeitpunkt an die richtige Zielgruppe verkaufen! Das heißt: Arbeiten Sie an Ihrem Angebot und suchen Sie genau die richtigen Zielgruppen – nur dann kann Ihr Werbetext erfolgreich sein. Das soll natürlich nicht heißen, das Werbetexte nicht entscheidend sein können. Auch wenn der Erfolg nur zu 20% vom Text abhängt – diese restlichen 20% können es sein, die darüber entscheiden, ob Sie mit Ihrem Unternehmen echten Erfolg haben oder nicht.

Regel 2: Sprechen Sie den Leser direkt an

„Sie" ist das wichtigste Wort im Werbetext. Sprechen Sie den Leser direkt an, so als säße er Ihnen im Verkaufsgespräch gegenüber. Sprechen Sie nicht von „uns", lassen Sie das „wir" und Eigenlob weg. Sprechen Sie darüber, was Ihr Produkt dem Kunden bringt.

Dazu gibt es einen einfachen Test, mit dem Sie jeden Ihrer Texte vor dem Einsatz prüfen sollten: den Rot/Grün-Test. Nehmen Sie sich dazu einen Ausdruck Ihres Texts zur Hand und dazu zwei Textmarker, einen roten und einen grünen. Jetzt streichen Sie mit dem roten Textmarker jedes Wort an, mit dem Sie von sich selbst sprechen: „ich", „wir", „unser" usw. Markieren Sie auch Ihren Firmen- oder Produktnamen rot.

Wenn Sie damit fertig sind, nehmen Sie den grünen Textmarker und streichen die Wörter an, mit dem Sie den Leser direkt ansprechen: „Sie", „Ihr", „Ihnen" usw. Wenn Sie fertig sind, schauen Sie sich an, wie Rot und Grün verteilt sind. Haben Sie mehr Rot, dann sollten Sie den Text schleunigst überarbeiten. Denn dann haben Sie zu viel von sich selbst gesprochen, vielleicht zu viel Eigenlob in den Text eingebaut und zu wenige Nutzen-Argumente aus der Sicht des Kunden gebracht. Tipp: Optimal ist es, wenn Ihr Text mindestens doppelt so viele grüne Wörter hat wie rote.

Regel 3: Schreiben Sie an einen einzigen Kunden

Stellen Sie sich immer vor, dass Sie Ihren Text für einen einzigen Kunden schreiben. Wenn Sie zum Beispiel einen neuen Werbebrief schreiben, tun Sie so, als ginge der Brief an einen typischen Kunden, den Sie gut kennen. So bekommt der Brief etwas Persönliches. Denken Sie daran: Sie wollen nicht die Masse zufrieden stellen, Sie wollen nicht allen alles bieten! Allerdings sollten Sie dafür genau ermittelt haben, wer Ihr typischer Kunde ist.

Regel 4: Seien Sie konkret

Das Allgemeine ist der Feind des guten Werbetextes! Seien Sie konkret und genau. Schreiben Sie niemals: „Sie sparen durch xy viel Geld." Schreiben Sie: „Sie sparen mindesten 1.500 Euro pro Jahr." Schreiben Sie nicht: „Xy ist klein und handlich." Schreiben Sie lieber: „So klein wie eine Streichholz-packung." So kann sich der Leser sofort eine Vorstellung von Ihrem Produkt oder Ihrem Angebot machen. Im Kopf entsteht ein Bild!

Regel 5: Nutzen Sie Wörter, die verkaufen

Werbetext-Spezialisten haben untersucht, welche Wörter in den erfolg-reichsten Anzeigen und Werbebriefen immer wieder auftauchen. Benutzen auch Sie diese Wörter – auch wenn Sie auf den ersten Blick das Gefühl haben, dass diese Wörter ein wenig „ausgelutscht" oder „zu werblich" und „plakativ" sind. Die Sprache der Werbung muss schnell verständlich und plakativ sein. Schließlich wird Ihre Anzeige oder Ihr Werbebrief ohne große Aufmerksamkeit gelesen und oft nur nebenbei überflogen. Der Werbetext- und Direktmarking-Guru Axel Andersson hat eine solche Liste der Power-Wörter zusammengestellt, die für mehr Aufmerksamkeit für Schlagzeilen und Werbetexte sorgen (Quelle: Axel Andersson, „Mehr Geld und mehr Erfolg mit Direktmarketing, Werbebriefen, Mailings und Direct-Response-Anzeigen"):

- *Anerkannt: anerkannte Methode*

- *Begrenztes Angebot: nur 57 Stück zu diesem Preis*

- *Besser, beispiellos*

- *Beweis, beweisen: Beweisen Sie sich noch heute, dass ….*

- *Einfach, ganz einfach, super-einfach: So einfach ist es, Englisch zu ler-nen… Uhren zu reparieren… 4 einfache Schritte…*

- *Endlich*

- *Einführungs-Angebot*

- *Entdecken: Entdecken Sie das Geheimnis!*
- *Entscheiden: Entscheiden Sie noch heute … jetzt, sofort*
- *Ersparnis*
- *Erstaunlich: erstaunliche Ereignisse oder Fortschritte*
- *Exklusiv*
- *Extra: Extra-Vorteil*
- *Garantie, garantiert*
- *Geheimnis, Geheimtipps*
- *Gesucht: Gesucht werden Menschen, die malen wollen…, die sich weiter- bilden wollen…, die vorankommen wollen …*
- *Gewinn/Super-Gewinn/Gewinnen Sie: Gewinnen Sie neue Freunde… mehr Spaß am Leben…*
- *Gratis*
- *Kostenlos – Zugabe – unentgeltlich – geschenkt – Gratis-Test; Gratis-Muster – Gratis zur Probe*
- *Jetzt: Sofort – noch heute – entscheiden Sie sich jetzt*
- *Kein Geld – kein Risiko – keine Verpflichtung – kein Vertreterbesuch.*
- *Lernen: Lernen Sie in X Wochen – lernen Sie, wie ein Profi zu verkaufen*
- *Leicht*
- *Möglichkeit: X Einsatzmöglichkeiten*
- *Neu*
- *Nie wieder: …Rückenschmerzen… Geldsorgen… abseits stehen*
- *Nur: Nur 80 Cent pro Tag – Nur X Stück auf Lager zu diesem Preis – Nur einmal im Leben*
- *Schneller: schneller – leichter – einfacher …*
- *Sie*
- *Sofort*
- *Sparen*

- *Spezial-Angebot*
- *Test: Testen Sie, Getestet*
- *Überraschung: Sie werden überrascht sein*
- *Überzeugen: Überzeugen Sie sich durch einen Gratis-Test!*
- *Unverbindlich – keine Verpflichtung*
- *Verblüffend*
- *Vollständig*
- *Vorteile*
- *Warum/Welche/Wer sonst?*
- *Werden Sie… Ihr eigener Chef!*
- *Wie Sie (und danach nennen Sie einen Vorteil)*
- *Wir suchen:… zum Beispiel Vorwärtsstrebende*

Regel 6: Die Headline ist am wichtigsten

Die Schlagzeile oder Headline ist wahrscheinlich der wichtigste Teil Ihres Textes. Verwenden Sie möglichst viel Zeit darauf, eine Headline zu finden, die funktioniert. Dazu muss die Schlagzeile drei Eigenschaften haben:

1. *Sie muss auf den Rest des Textes neugierig machen.*
2. *Sie muss die Aufmerksamkeit der richtigen Zielgruppe gewinnen.*
3. *Sie muss dem Leser einen Vorteil versprechen.*

Profi-Tipp: Starten Sie Ihren Text nicht mit der Schlagzeile, es sei denn Sie haben spontan eine gute Idee im Kopf! Sie machen sich sonst das Leben unnötig schwer. Sie knobeln möglicherweise tagelang vor dem weißen Blatt Papier und verlieren den Mut. Starten Sie lieber mit dem Text, und schreiben Sie die Schlagzeile am Schluss. Oft versteckt sich dann im fertigen Text eine guter Satz, den Sie zur Schlagzeile machen können

Regel 7: KISS

KISS steht für „Keep it simple and stupid". Auf Deutsch etwa: Halten Sie es einfach! Schreiben Sie den Text, so dass auch der Letzte ihn verstehen kann und weiß, was er jetzt tun soll. Vermeiden Sie Fachwörter oder Fremdwörter. Schreiben Sie in einfachen, kurzen Sätzen.

Regel 8: AIDA

Eine wichtige Regel für den Aufbau Ihres Textes liefert Ihnen AIDA. Das steht für:

Attention (Aufmerksamkeit)

Interest (Interesse)

Desire (Besitzwunsch)

Action (Handlung)

Bauen Sie Ihre Texte nach diesem Schema auf: Erregen Sie Aufmerksamkeit durch eine gute Schlagzeile und einen spannenden Einstieg. Steigern Sie das Interesse durch die Aufzählung vieler Nutzenvorteile, die Ihr Produkt dem Leser bietet. Wecken Sie den Besitzwunsch durch ein verlockend gestaltetes Angebot (Beispiel: „100 Euro Rabatt, wenn Sie innerhalb von 14 Tagen antworten."). Und sagen Sie dem Leser zum Schluss klipp und klar, was er jetzt tun soll (Action/Handlung). Beispiel: „Rufen Sie jetzt an: Tel. ...."

Regel 7: Machen Sie Zeitdruck

Geben Sie dem Leser einen Grund dafür, warum er möglichst jetzt sofort handeln soll – vergleichbar mit den Frühbucherrabatten. Der Leser soll sofort handeln, liefern Sie ihm einen Grund dafür! Ist Ihr Werbebrief oder Ihre Anzeige erst einmal auf einem gemischten Stapel auf dem Schreibtisch gelandet, haben Sie verloren. Machen Sie also ein wenig Zeitdruck!

Regel 8: Keine Angst vor langen Texten

Werbetexte müssen kurz sein! Das ist eine Binsenweisheit... die leider falsch ist! Ich weiß nicht, von wem diese Erkenntnis stammt, die immer wieder unbedacht wiederholt wird. Meine Erfahrung und die Erfahrung vieler anderer Unternehmer, die verschiedene Werbemittel ernsthaft getestet haben, ist: Werbetexte dürfen länger sein. Es gibt viele Verlage, die 16 Seiten lange Werbebriefe versenden – und damit erfolgreich sind.

„Aber das liest doch keiner", höre ich Sie jetzt sagen. Ehrlich gesagt: Ich weiß auch nicht, ob irgend jemand solch lange Texte von Anfang bis Ende liest. Aber das ist unter dem Strich auch egal. Wichtig ist nur, dass längere Texte in den meisten Fällen besser funktionieren als kurze.

Und das ist nicht verwunderlich, wenn Sie einmal genau darüber nachdenken: In einem kurzen Text haben Sie nur Platz für wenige Argumente. In einem langen Text haben Sie Platz für wirklich alle Argumente, die für Ihr Angebot sprechen. Deshalb spricht der lange Text mehr Menschen an.

Nehmen Sie dieses Beispiel: Sie wollen eine Urlaubsreise in die Karibik verkaufen. In einem kurzen Text haben Sie vielleicht Platz für drei Argumente, etwa: traumhafter Strand, günstiger Preis, schöne Hotelzimmer. Damit haben Sie die Leute überzeugt, die für wenig Geld am Strand liegen und ein schönes Hotelzimmer haben wollen.

Im langen Text können Sie viel mehr unterbringen. Zum Beispiel: Kinderbetreuung (jetzt wird die Reise auch für Familien interessant), Hinweis auf Segel- oder Tauchkurs (jetzt haben Sie die Sportbegeisterten), Beschreibung des karibischen Menüs (der Feinschmecker zieht Ihre Reise in Betracht) usw. Sie sehen: Je länger der Text, desto mehr potenzielle Interessenten gewinnen Sie für Ihr Angebot. (Beachten Sie dabei aber die folgende Regel 9!)

Das heißt natürlich nicht, dass Ihr Text auf jeden Fall lang sein muss. Wenn alle entscheidenden Vorteile in wenigen Worten 'rüberkommen, reicht natürlich ein kurzer Text. Sie sollten Ihren Text nicht künstlich aufblasen, nur damit er länger wird. So lang der Text auch ist: Er sollte immer neue Vorteile für den Kunden bringen, damit das Lesen nicht langweilig wird. Der Leser merkt schnell, wenn Sie sich wiederholen oder unwichtigen Kram schreiben. Dann wandert Ihre Werbung ganz schnell in den Papierkorb.

Regel 9: Teilen Sie lange Texte in appetitliche Häppchen auf!

Lange Texte verkaufen mehr, das haben Sie in Regel 8 gesehen. Produzieren Sie jedoch keine Bleiwüsten. So nennt der Fachmann lange Texte, die langweilig, die nicht durch Bilder, Absätze oder Zwischenüberschriften aufgelockert sind. Wer einen solchen Text sieht, bekommt das Gefühl: „Diesen Text zu lesen, das ist Arbeit!"

Gestalten Sie Ihre Texte so, dass Sie locker und leicht aussehen! Verführen Sie den Betrachter zum Lesen. Dabei helfen Ihnen diese Techniken:

• Machen Sie viele Absätze. Ein Absatz sollte möglichst nicht länger als sieben Zeilen lang sein.

• Machen Sie viele Zwischenüberschriften. Denken Sie an das Beispiel mit der Karibikreise aus Regel 8. Packen Sie alle wichtigen Vorteile in eine eigene Zwischenüberschrift: der traumhafte Strand, die Hotelzimmer, das Sportangebot, die Kinderbetreuung... So bekommt der flüchtige Leser alles mit und jeder hat die Chance das für ihn persönlich wichtige Argument zu finden.

• Schauen Sie sich Zeitschriften wie zum Beispiel „Focus" an. Zu jedem Artikel finden Sie hier so genannte Info-Kästen. Nutzen auch Sie die diese Technik, um lange Texte aufzubrechen. Packen Sie Info-Häppchen in solche Kästen. Auch das verführt zum Lesen.

Stellen Sie sich den typischen Leser als einen Menschen vor, der Ihre Anzeige, Ihren Prospekt, Ihren Werbebrief oder Ihre Internetseite flüchtig in wenigen Augenblicken überfliegt. Dabei hat er immer – vielleicht unbewusst – eine Frage im Hinterkopf: „Ist hier etwas Wichtiges dabei?" Oder „Springt hier etwas für mich heraus?" Sorgen Sie dafür, dass an möglichst vielen Stellen möglichst sichtbar diese Frage beantwortet wird: „Ja hier springt etwas für dich heraus, etwas Einmaliges, noch nie Dagewesenes!"

Regel 10: Die Macht der Bilder

In Regel 6 haben Sie gesehen, dass die Schlagzeile der wichtigste Teil Ihres Werbetextes ist. Doch noch vor der Headline schaut jeder Mensch zuerst auf die Bilder! Planen Sie also Bilder und Grafiken ein! Zeigen Sie Ihr Produkt am besten mit Menschen in der Anwendung. Zeigen Sie Menschen, die von Ihrer Dienstleistung profitieren. Denn Bilder von Menschen, vor allem von Gesichtern, ziehen den Blick wie magisch an.

Profi-Tipp: Es gibt einen oft vernachlässigten Teil Ihres Werbetextes, der fast genauso wichtig ist wie die Schlagzeile. Das sind die Bildunterschriften. In Untersuchungen wurde festgestellt, dass die meisten Menschen nach der Schlagzeile sofort die Bildunterschriften lesen. Manche Menschen lesen sogar nur die Bildunterschriften. Geben Sie sich also Mühe mit den Bildunterschriften. Wenn Sie hier besonders verlockende Produktvorteile bringen, machen Sie den Leser neugierig auf den gesamten Text!

Regel 11: Der Preis ist unwichtig

Jeder ernsthafte Interessent möchte natürlich wissen, wie teuer Ihr Produkt oder Ihre Dienstleistung ist. Keine Frage: Der Preis ist einer der entscheidenden Faktoren bei jeder Kaufentscheidung. Deshalb sollten Sie sich in Ihrem Werbetext mit Bedacht dem Thema Preis nähern. Dazu einige Tipps:

- Wenn Sie mit Ihrer Werbung im ersten Schritt Interessenten gewinnen wollen, reden Sie nicht vom Preis! Wenn Sie die Kunden zum Beispiel mit Ihrer Anzeige oder einem Prospekt zunächst nur dazu bringen wollen, weitere Informationen anzufordern, lassen Sie das Thema Preis außen vor! Die Leute würden nur auf den Preis schauen – ohne sich genau mit den tollen Leistungen zu beschäftigen, die Sie dafür bieten.

- Wenn Sie sofort zu einem Verkaufsabschluss kommen wollen – zum Beispiel mit einem Werbebrief, mit dem der Kunde sofort bestellen soll –, dann bringen Sie den Preis erst spät. Bringen Sie in Ihrem Text zuerst all die vielen Argumente, die für Ihr Angebot sprechen. Beweisen Sie dem Leser, dass er durch Ihr Angebot glücklich wird – und nennen Sie erst dann den Preis.

- Lassen Sie den Preis kleiner erscheinen. Beispiel: Sie verkaufen eine teure Matratze, die für erholsamen Schlaf sorgt. Die Matratze kostet 400 Euro und hält mindestens 3 Jahre. Dann könnten Sie zum Beispiel schreiben: „Würden Sie 37 Cent dafür bezahlen, dass Sie endlich wieder einmal durchschlafen?" (400 Euro geteilt durch 1095 Nächte ergibt 37 Cent pro Nacht.) Die Matraze für 400 Euro erscheint teuer. Aber eine ruhige Nacht für nicht mehr als 37 Cent – das ist ja fast geschenkt!

Ausnahme zu diesen Regeln ist natürlich der Fall, dass Sie Preisbrecher sind: Wenn Sie Ihr Produkt oder Ihre Dienstleistung zu einem sagenhaft günstigen Preis anbieten können, dann stellen Sie den Preis natürlich groß heraus.

Regel 12: Packen Sie die Kunden, wo es weh tut

Schreiben Sie in Ihren Texten über Dinge, die für den Kunden wichtig sind. Zeigen Sie, wie Ihr Produkt oder Ihre Dienstleistung die wirklichen Probleme des Kunden lösen. Dazu müssen Sie wissen, wo Ihren Kunden im Moment der Schuh drückt. Halten Sie sich niemals mit technischen Details auf, die vielleicht für Sie als Fachmann wichtig sind. Beschäftigen Sie sich in Ihren Texten nur mit den Lösungen, die Sie Ihren Kunden bieten. Die Amerikaner sagen: „Sell the sizzle, not the steak!" (Verkaufen Sie den Duft, nicht das Steak).

Regel 13: Bieten Sie Sicherheiten & Garantien

Die Menschen hassen Entscheidungen! Niemand legt sich gern fest. Sich für einen Kauf zu entscheiden, ist für den Kunden immer ein Verlust an Freiheit. Wenn er sich ein tolles neues Auto kaufen will, dann hat er das tolle Gefühl zwischen Mercedes, BMW, Porsche und all den anderen Marken zu entscheiden. Hat er einmal den Kaufvertrag unterschrieben, ist die schöne Freiheit futsch. Der Käufer ist für die nächsten Jahre an sein neues Auto gebunden. Schon in Ihren Texten können Sie beginnen, diese innerliche Barriere zu überwinden, in dem Sie Garantien und Sicherheiten bieten:

• Geben Sie Ihren Kunden die Möglichkeit eines kostenlosen Tests – wie etwa bei Zeitschriften-Abos üblich: „3 Ausgaben gratis – nur wenn Sie dann zufrieden sind startet das Abo." Mit solchen Angeboten setzen Sie die Schwelle nach unten.

• Bieten Sie Garantien – der Textil-Versender Land's End gibt seinen Kunden eine lebenslange Garantie auf alle Kleidungsstücke, die sie bestellen. Der Kunde kann seine Jacke auch noch nach Jahren zurückschicken, wenn er nicht zufrieden sein sollte, und bekommt anstandslos sein Geld zurück. Kaum ein Mensch nutzt diese Garantie. Aber allein, dass sie besteht, gibt den Kunden vor der Bestellung ein gutes Gefühl. Der Land's-End-Kunde behält seine Freiheit, weil er immer noch alles rückgängig machen kann!

• Nutzen Sie Testimonials: Bauen Sie Berichte von zufriedenen Kunden in Ihre Texte ein. Der Leser sieht dann, dass andere Menschen nach dem Kauf glücklich sind. Das gibt Sicherheit, die richtige Entscheidung zu treffen.

Regel 14: Vermeiden Sie Missverständnisse und Unklarheiten

Stellen Sie sicher, dass in allen Ihren Texten ganz klar ist, was Sie anbieten. Der Kunde muss genau wissen, was passiert, wenn er zum Beispiel eine Bestellung abschickt. Unklarheiten oder mögliche Missverständnisse führen zu Erfolgslosigkeit. Machen Sie mit jedem Werbetext den „Oma-Test": Geben Sie ihn Ihrer Großmutter (oder Ihrer 11-jährigen Tochter, oder jemanden, von dem Sie ganz sicher sind, dass er keine Ahnung von Ihrem Geschäft hat). Nur wenn die Oma genau versteht, was Sie anbieten und was der Leser tun soll, nur dann ist Ihr Text klar genug.

Regel 15: Misstrauen Sie Ihrem Ehemann!

Viele Unternehmerinnen und Unternehmer geben ihre Werbung – egal, ob selbstgeschrieben oder von der Agentur – einem persönlichen Vertrauten zur Ansicht. Meist dem Ehepartner, oft auch der Sekretärin! Misstrauen Sie dem Urteil!

Denn das Problem dabei ist: Jeder Mensch ist Tag für Tag Tausenden von Werbebotschaften ausgesetzt, die er für gut oder schlecht befindet. Deshalb halten sich die meisten für Werbe-Experten, weil die Werbung ja so vertraut ist. Und deshalb traut sich jeder Mensch ein Urteil über Werbung zu: „Nein, das gefällt mir nicht!" oder „Ja, das finde ich lustig!"

Aber so einfach ist es nicht: Ihre Frau, Ihr Mann oder Ihre Sekretärin urteilen nach persönlichem Geschmack. Und so lange sie keine eigene Erfahrung mit Werbung haben, können sie nicht wissen, was in der Werbung erprobtermaßen erfolgreich ist und was nicht. Der Werbeprofi lässt den persönlichen Geschmack außen vor und beurteilt einen Text oder eine Gestaltung allein danach, welche Erfolgs-Chancen er darin sieht.

In einem Antiquariat fand ich kürzlich durch Zufall ein altes Büchlein über Werbetexte aus den 50er Jahren (Alfred Kieschke: „Der erfolgreiche Werbebrief"), in dem genau dieser Zusammenhang beschrieben ist. Weil es so schön im Ton der Zeit geschrieben ist, hier ein Auszug:

„In manchen Unternehmen ist es üblich, den vorgesehenen Werbebrief den Reisenden vorzulegen und ihr Urteil einzuholen. Andere fragen einige aus dem Abnehmerkreis, der vom Werbebrief angesprochen werden soll. Ja, es gibt Unternehmer, die ihn von ihrer Sekretärin beurteilen lassen.

Nicht, dass solche „Prüfverfahren" ganz zu verdammen wären, sie sind aber in keiner Hinsicht als vollständig oder ausreichend anzusprechen, sind keineswegs immer zu empfehlen, mehr als das: sind sogar bedenklich.

Der Reisende kennt zwar immer noch das Erzeugnis und den Verbraucher und wird vielleicht doch hier und da anregen können. Aber die Sekretärin? Was weiß sie denn von der sorgfältigen Zusammentrage- und Auslesearbeit? Wie will sie denn beurteilen, weshalb gerade dieses oder jenes Argument herausgestellt wurde auf die eine oder andere genau erwogene Weise?

Am bedenklichsten jedoch ist das Urteil vom anzusprechenden Verbraucher selbst. Wie kommt es, dass man diesem Verbraucherurteil so vorsichtig gegenüberstehen muss? Weil es sehr wohl ein Unterschied ist, ob der Abnehmer eines Erzeugnisses über den Wert eines Werbetextes urteilen soll – oder aber eben diesen Text als Empfänger bekommt mit der Absicht, von ihm beeindruckt und zum Handeln gebracht zu werden[Der Unterschied ist oft wie Tag und Nacht. Die Werbebriefpraxis zeigt, dass mancher vom Verbraucher als ausgezeichnet beurteilte Text gar keinen so sichtbaren Erfolg brachte – und dass andere weniger gelobte Texte dagegen überraschend wirksam waren.

Auch das Urteil von Kollegen, selbst werbefachlich geschulten, kann nur als maßgebend angesehen werden, wenn ihnen zugleich mit der Bitte um ihr Urteil die Ergebnisse der vorbereitenden Planarbeit zugänglich gemacht werden. DANN wird man aus ihrem Urteil, aus der Aussprache mit ihnen wirklich zutreffende und fördernde Kritiken erwarten dürfen.

Man verlasse sich in der Regel besser auf seine eigenen Ermittlungen, auf die sorgfältige Zusammenstellung der Argumente, auf sein sprachliches und beeinflussendes Können, seine Erfahrungen und seinen Instinkt, man begutachte seinen Brief selbst: und erprobe ihn durch den Versuch mit einer kleiner Auflage."

ZITATE:

„Ihre Kunden werden beinahe jeden Preis bezahlen, um etwas gratis zu bekommen"

Axel Andersson

„Darüber zu diskutieren, wie lang ein Werbetext sein sollte, ist ungefähr so sinnvoll wie darüber nachzudenken, welche Körpergröße ein guter General haben muss."

Drayton Bird

„Die Schlagzeile ist die Anzeige für Ihre Anzeige."

Murray Raphel

Praxis-Workshop: In 7 Schritten zum ersten Werbebrief

Müssen Sie ein extrem kreativer Mensch sein, um einen verkaufsstarken Werbetext zu schreiben? Ich meine: Nein! Um die vermeintliche Kreativität wird viel Aufhebens gemacht. In Wirklichkeit ist Werbetexten zu 90% ein Handwerk, das von jedem erlernt werden kann, der Interesse und Spaß daran hat.

Das heißt: Wenn Sie wollen, können Sie jederzeit kreative und verkaufsstarke Werbetexte komplett selbst schreiben. In Kapitel 3 habe ich Ihnen schon 15 Tipps und Regeln dazu geliefert. Aber wie gehen Sie nun konkret vor, wenn Sie Ihren Text selbst schreiben? Dieser Abschnitt ist ein kleiner Workshop, in dem Sie Ihren ersten Werbebrief selbst schreiben. In sieben einfache Schritte aufgeteilt, sehen Sie, wie Sie vorgehen und was Sie beachten müssen.

Dieser behandelt als Beispiel einen Werbebrief. Aber im Prinzip können Sie bei jedem Text so vorgehen – egal ob er für eine Anzeige, für einen Prospekt oder einen Flugzettel geschrieben ist.

Wie gehen Sie nun vor? Der größte Fehler ist es, sich vors leere Blatt Papier zu setzen und auf die große Eingebung zu warten. Glauben Sie mir: Sie wird nicht kommen! Deshalb arbeitet kein Profi-Texter so.

Wie in jedem Handwerk gibt es eine überschaubare Anzahl von konkreten Handlungsanweisungen, mit denen Sie beinahe automatisch zu überzeugenden, zumindest aber deutlich besseren Werbebriefen kommen. Hier diese sieben Schritte:

Schritt 1: Legen Sie fest, was Sie erreichen wollen

Das klingt nach langweiligen Strategie- und Planungsbesprechungen. Es geht aber um etwas, das ebenso banal wie wichtig ist. Bevor Sie auch nur eine Zeile schreiben, legen Sie genau fest, was Sie erreichen wollen. Und folgen Sie dabei dieser Regel: Ihr Werbebrief sollte nur ein Ziel haben!

Konzentrieren Sie sich nur auf ein Ziel! Wenn Sie genauer hinschauen, ist es gar nicht mehr so banal. Schauen Sie sich nur an, was alles das Ziel eines Briefs sein könnte – hier am Beispiel eines Finanzdienstleisters, der Geldanlagen vermittelt. Das alles könnten seine Ziele sein:

- *sofortiger Vertragsabschluss*
- *Verkauf eines Einstiegs-Produkts, um den Fuß in die Tür zu bekommen*
- *Interessenten gewinnen, die weitere Informationen anfordern*
- *Termin für einen Besuch beim Kunden bekommen*
- *auf geplanten Telefonanruf vorbereiten*

Schon diese kurze Aufzählung macht deutlich, wie viele Ziele ein Werbebrief haben kann, wenn Sie das Oberziel „Geldanlagen verkaufen" haben. Ihr erster Schritt ist es also, das konkrete Unterziel für genau diesen Werbebrief zu definieren. Wenn Sie das nicht tun, drohen zwei Gefahren:

Gefahr 1: Ihr Brief wirkt belanglos, er richtet sich an alle und niemand.

Gefahr 2: Sie machen sich selbst das Geschäft kaputt. Wenn Sie die Ziele durcheinander bringen und alle auf einmal versuchen, bleibt der Text unklar. Der Kunde weiß nicht, was Sie von ihm wollen. Er wird nicht reagieren.

Stellen Sie sich vor, was passiert, wenn Sie diese Grundregel nicht befolgen. Im Beispiel Geldanlage bieten Sie in einem Brief gleichzeitig an, dass der Kunde sofort einen Vertrag abschließt und darunter die Möglichkeit, zunächst einmal weitere Infos anzufordern. Kein Mensch wird sich sofort entscheiden! Auch wer ernsthaft Interesse hat, wird die zweite Möglichkeit wählen. Möglicherweise verlieren Sie viel Geld. Bieten Sie nur eine Antwortmöglichkeit an!

Schritt 2: Sammeln Sie so viele Informationen wie möglich

Wenn Sie einmal einen freien Texter engagieren, können Sie schnell feststellen, ob er sein Geld wert ist. Und zwar so: Ein guter Texter wird Ihnen Löcher in den Bauch fragen. Er wird Sie richtiggehend nerven mit Fragen nach dem Sinn und den Vorteilen Ihres Produkts...

Das heißt für Sie: Warten Sie mit dem Schreiben, bis Sie wirklich alles über Ihr Produkt oder Ihre Dienstleistung wissen. Schreiben Sie keine Zeile, bevor Sie nicht alles über Ihre Kunden, deren Probleme und Wünsche wissen. Warum ist das so wichtig?

1. Je mehr Sie über Ihr Angebot, über die Kunden und über die möglichen Anwendungsgebiete wissen, desto mehr „Stoff" haben Sie für Ihren Werbebrief. Ihre Seiten werden prallvoll mit verlockenden Produktvorteilen sein.

2. Sie haben die Chance, sich vom Angebot der Konkurrenten abzusetzen. Bei Ihrer Recherche finden Sie garantiert wichtige Vorteile, die Ihre Konkurrenten vergessen haben zu erwähnen. Nutzen Sie die Faulheit Ihrer Konkurrenten!

Beispiel: Sie schreiben einen Werbebrief für ein Fitnessgerät. Bei Ihrer Recherche stellen Sie fest, dass man mit dem Gerät 10 Pfund in zwei Wochen abnehmen kann. Schön und gut. Aber: Die Konkurrenz wirbt mit genau dem gleichen Argument. Sie haben aber mit zufriedenen Anwendern gesprochen. Und mehrere erzählten Ihnen, dass sie nicht nur abgenommen haben. Die Kunden erzählen, dass sie auch eine straffere Haut durch das regelmäßige Training mit ihrem Gerät bekommen haben. Jetzt können Sie also auch schreiben, dass der Kunde schon bald viel jünger aussehen wird, wenn er nun jetzt gleich das Gerät bestellt. Ihre Konkurrenz hat es übersehen und Sie sind ein Argument voraus!

Schritt 3: Machen Sie Ihre persönliche Liste

Sie haben jetzt eine große Menge an Informationen – ungeordnete Notizen, alte Prospekte, Briefe von Kunden, Datenblätter usw. Jetzt heißt es: Bringen Sie Ordnung in diesen Wust von Informationen. Sorgen Sie dafür, dass sich das Wichtigste davon fest in Ihrem Kopf verankert. Stellen Sie sicher, dass Sie alles verstanden haben.

Das geht so: Sie machen Ihre persönliche Liste von allen Argumenten, Vorteilen und Eigenschaften des Produkts oder Dienstleistung, für die Sie den Brieftext schreiben wollen. Sichten Sie alles Material und schreiben Sie eine Liste aller Vorteile – mindestens 50 Stück, gerne mehr, so viele wie möglich. Nummerieren Sie alle Vorteile nach Wichtigkeit. So wie in einer Hitparade von 1 = wichtigstes Argument bis 50 = unwichtigstes Argument.

Die Regel dabei: Schreiben Sie alles in Ihren eigenen Worten hin. Versuchen Sie nicht, einen Werbetext zu schreiben. Formulieren Sie einfach so, als würden Sie ganz private Notizen in Ihr Tagebuch machen. Niemand bekommt das zu sehen! Fühlen Sie sich ganz entspannt! Sie erreichen damit zwei Ziele:

1. Sie machen alle Argumente zu Ihren eigenen.

2. Ihnen fällt auf, wo noch etwas unklar ist, wo Sie etwas nicht verstanden haben oder noch zusätzliche Infos brauchen.

Schritt 4: Jetzt vergessen Sie alles!

Nehmen Sie es wörtlich! Lassen Sie an dieser Stelle alles stehen und liegen, gehen Sie nach Hause. Gönnen Sie sich einen freien Nachmittag an der frischen Luft, gehen Sie ins Fitness-Studio oder kommen Sie endlich einmal so rechtzeitig nach Hause, dass Sie mit Ihren Kindern das Sandmännchen schauen können. Egal, was Sie tun: Sorgen Sie dafür, dass der Brief, den Sie schreiben müssen, aus Ihrem Kopf verschwindet. Und das gelingt am besten, wenn Sie etwas tun, was Ihnen richtig Spaß macht.

Dieser Schritt ist enorm wichtig und Sie dürfen ihn auf keinen Fall auslassen. Wenn Sie wenig Zeit haben, dann legen Sie zumindest eine zweistündige Pause ein und machen einen Spaziergang.

Der Grund: Nur durch diesen Schritt werden alle Informationen, Argumente und Vorteile, die Sie gesammelt haben, zu einem Bestandteil Ihres Lebens. Während Sie sich mit anderen Dingen beschäftigen, arbeitet Ihr Gehirn. Es bereitet den Brief vor!

Schritt 5: Schreiben Sie einfach drauflos!

Jetzt kann es losgehen: Sie haben die 4 Stufen zur professionellen Vorbereitung durchlaufen. Deshalb dürften Sie jetzt eigentlich keine Angst mehr vor dem leeren Blatt Papier oder dem leeren Bildschirm haben. Sie haben so viele Argumente für Ihr Angebot gesammelt, dass Sie sicher sein können, genügend Ideen für den Text zu haben. Angst vor dem weißen Papier ist meist nur das Resultat schlechter Vorbereitung.

Endgültig los werden Sie die Angst vor dem leeren Papier aber sicher dann, wenn Sie den nächsten Schritt befolgen:

Jetzt heißt es: Einfach drauflosschreiben. Nehmen Sie es wörtlich: Halten Sie sich jetzt nicht damit auf, eine besonders starke Headline zu finden. Suchen Sie auch (noch!) nicht nach dem idealen Einstieg, der den Leser fesselt. Schreiben Sie einfach alles hin, was Ihnen durch den Kopf schießt. Auch wenn Ihnen immer wieder irgendein dummer Werbespruch durch den Kopf geistert, schreiben Sie ihn einfach hin – er verschwindet dadurch aus Ihrem Kopf.

Von der Wirkung werden Sie überrascht sein: Nach etwa ein bis zwei Seiten beginnen die ersten brauchbaren Ideen und Formulierungen aufs Papier zu kommen. Meist kommt jetzt auch ein Gedanke für den Aufbau des Tex-

tes, wie Sie den Einstieg formulieren und wie Sie alle wichtigen Argumente unterbringen.

Auf diese Weise beginnt sich der spätere Text aus dem Wust von Zeilen herauszuschälen. Sie beginnen, die unsinnigen Teile zu streichen oder zu löschen, und arbeiten Ihre Liste mit Produktvorteilen ab. Legen Sie die Liste ruhig vor sich und überprüfen Sie, ob Sie alle wichtigen Vorteile in Ihren Text aufgenommen haben.

Nutzen Sie beim Formulieren Ihres Textes die 2-Fragen-Technik (siehe Extra-Tipps auf den folgenden Seiten).

Den fertigen Brief kontrollieren Sie mit dieser Kurz-Checkliste:

Kurz-Check für den fertigen Brief

○ Sorgt die Schlagzeile für Interesse und Neugier?

○ Nimmt der Einstieg den Faden der Schlagzeile auf und macht den Leser neugierig auf den Rest des Briefs?

○ Haben Sie die wichtigsten Vorteile aus Ihrer Liste im Brief verarbeitet?

○ Ist das wichtigste Argument groß herausgestellt?

○ Haben Sie eine deutliche Handlungsaufforderung in den Brief gebracht, damit der Kunde weiß, was er jetzt tun soll?

Wenn etwas fehlt, ergänzen Sie es jetzt und legen den fertigen Brief auf die Seite. Lassen Sie den Brief jetzt am besten noch einmal eine Nacht liegen, bevor Sie weitermachen. Denn für den nächsten Schritt brauchen Sie ein bisschen Mut.

Schritt 6: Werfen Sie Ihren Brief weg!

Ja, Sie haben richtig gelesen! Zerknüllen Sie Ihren ersten Brief und befördern Sie ihn in den Papierkorb. Egal, wie stolz Sie auf Ihren Text sind, egal, wie toll er geworden ist – der Text ist nur ein erster Entwurf, der noch viel besser werden kann.

Schritt 7: Neu schreiben

Wenn Sie eisern waren und Schritt 6 befolgt haben, bleibt Ihnen nichts anderes übrig, als wieder von vorn zu beginnen. Aber keine Sorge: Sie beginnen nicht wirklich bei Null – die Ideen hatten Sie ja schon, Sie brauchen sie nur noch einmal hinzuschreiben. Der Trick dabei ist nur: Ganz automatisch überprüfen Sie jede einzelne Formulierung noch ein zweites Mal. Sie beschäftigen sich ein zweites Mal mit der Formulierung – und dadurch können Sie gar nicht anders, als es besser zu machen. Ihre Situation jetzt: Sie machen etwas zum 2. Mal – Sie sind sozusagen schon ein alter Hase in dem Thema! Dadurch gelingt Ihnen der zweite Entwurf deutlich besser.

Extra-Tipp: Die 2-Fragen-Technik – So machen Sie aus langweiligen Produktvorteilen knackige Werbeargumente!

Der entscheidende Schritt beim Texten Ihres Werbebriefs ist: Sie machen aus der nüchternen Liste von Produkt- oder Angebots-Vorteilen werblich wirksame Argumente. Oder anders ausgedrückt: Sie machen aus Text Werbetext, der den Kunden anspricht und in ihm den Wunsch weckt zu reagieren.

Es gibt eine verblüffend einfache Technik, mit der Sie aus Ihrer Liste von Produkt- oder Angebots-Vorteilen beim Schreiben knackige Werbeargumente machen. Sie heißt 2-Fragen-Technik: mit ihr kommen Sie beinahe zwangsläufig zum Erfolg. Es funktioniert so:

Beantworten Sie die erste Frage: „Was hat mein Kunde von meinem Angebot?"

Schreiben Sie die Antwort hin – sie ist ein Punkt für Ihre Vorteilsliste.

Beantworten Sie dann die zweite Frage: „Und was hat mein Kunde davon?"

Beispiel: Sie schreiben einen Werbebrief für einen neuen Fitness-Kurs für Frauen, der dienstags und donnerstags in Ihrem Fitness-Studio stattfindet. Dann lautet die Antwort auf die erste Frage: „Meine Kundinnen bekommen eine bessere Figur."

Aber was haben Ihre Kundinnen von der besseren Figur? Mögliche Antwort: „Der Ehemann macht ihr Komplimente" – und da ist es schon, das Werbeargument! Ein Fitnessstudio mit dem Namen „Shebody" schrieb denn auch diese wunderbare Schlagzeile: „Dienstag Shebody – Donnerstag Shebody – Samstag Komplimente."

Probieren Sie es jetzt im Moment aus – Sie kommen mit dieser Technik ganz einfach auf andere Lösungen! Noch ein Beispiel gefällig?

2. Frage: „Was hat meine Kundin von einer besseren Figur?"

Mögliche Antwort: „Die Männer schauen ihr nach!"

Briefeinstieg: „Welch ein Gefühl: Sie bemerken, dass Ihr Mann Ihnen wieder heimlich einen bewundernden Blick hinterherwirft, obwohl Sie schon 15 Jahre verheiratet sind ..."

Gehen Sie jedes Argument Ihrer Liste durch, und beantworten Sie für jeden Punkt die Frage „Was hat mein Kunde davon?". Häufig finden Sie mehrere überzeugende und überraschende Antworten – alles Chancen, sich durch einen Text von der Konkurrenz abzuheben.

Extra-Tipp gegen Betriebsblindheit

Vielleicht kennen auch Sie dieses Problem: Sie sind so „tief drin" in der Materie, Sie kennen Ihre Dienstleistung oder Ihr Produkt so gut, dass Sie kaum noch in der Lage sind, einen einfachen und überzeugenden Text darüber zu schreiben.

Es gibt einfache Wege, um die „Betriebsblindheit" zu überwinden: Wenn Sie Ihren nächsten Werbebrief schreiben, besorgen Sie sich einmal ein Anfänger-Buch zu dem Thema. Beispiel: Sie bieten Raumgestaltung und Dekoration. Sie beschäftigen sich auf sehr hohem Niveau mit dem Thema und lesen internationale Design-Zeitschriften. Für den Brief ist das eine Nummer zu hoch. Also lesen Sie zur Vorbereitung ein Buch wie „Erste Schritte im Raumdesign" und Sie kommen auf das Niveau Ihrer Zielgruppe zurück. Sie wissen wieder, welche Probleme und Fragen der Laie hat.

Extra-Tipp: Nehmen Sie sich Zeit

Einen guten Werbebrief können Sie nicht einfach so zwischendurch schreiben. Sie brauchen Zeit, um alle sieben Schritte zu durchlaufen. Beginnen Sie also mindestens eine Woche vor dem geplanten Fertigstellungstermin.

Extra-Tipp: Kreativ kopieren

Sammeln Sie Werbetexte, die Ihnen gefallen – egal, aus welcher Branche Sie stammen. Oftmals können Sie beim Schreiben eines eigenen Werbebriefs eine Idee „kreativ kopieren". Wenn Sie eine gute Idee sehen, fragen Sie sich, ob Sie sie abwandeln können, damit sie zu Ihrem Angebot passt. Oftmals entsteht dadurch eine ganz neue Idee!

Extra:
Der Ablauf einer Werbebrief-Aktion

Der schönste Brieftext hilft allerdings wenig, wenn der Brief nicht beim Kunden ankommt. Deshalb hier als Extra der Ablauf einer Werbebrief-Aktion im Schnell-Überblick:

Angebot definieren

Zu Beginn definieren Sie ein Angebot, das für einen fest umrissenen Kreis von Kunden möglichst interessant ist. Informationsquellen sind Marktforschungen, Ihre Gespräche mit Kunden, sonstige Quellen, wie etwa Anfragen von Kunden. Ein optimales Angebot im Direktmarketing hat drei Eigenschaften:

1. Der Kunde bekommt das angebotene Produkt oder die angebotene Dienstleistung nicht leicht an anderer Stelle.

2. Das Angebot erfüllt ein dringendes Bedürfnis des Kunden – ein Angebot, das der Kunde nicht wirklich braucht, lässt sich auch mit dem besten Mailing nicht erfolgreich verkaufen.

3. Das Angebot unterscheidet sich in einem für den Kunden wichtigen Merkmal (z.B. im Preis, in Qualität oder Herkunft, in den Zusatzleistungen) von Angeboten der Konkurrenz – es ist also nicht austauschbar (siehe USP, Kapitel 2).

Adressen selektieren

Jetzt klären Sie, ob Sie entsprechende Adressen in ausreichender Menge aus Ihrer Datenbank selektieren können. Verfügen Sie nicht über eigene Adressen oder wollen Sie Ihren Kundenkreis erweitern, können Sie Adressen von darauf spezialisierten Adressverlagen mieten oder kaufen. Eine preiswerte Quelle sind auch Adress-CD-ROMs. Allerdings ist die Qualität nicht immer gut.

Ziele festlegen

Werbebriefe haben gegenüber anderen Werbeformen den unschätzbaren Vorteil, dass Erfolge leicht messbar sind (siehe Kapitel 6, Erfolgskontrolle). Wenn Sie einen Werbebrief mit Antwortformular versenden, ist es leicht, die eingehenden Antworten zu zählen und damit den Response zu bestimmen. Wenn Sie wissen, wie viel Ertrag Ihnen jeder Kunde bringt, den Sie durch eine Werbebrief-Aktion gewinnen, ist es leicht, eine Zielvorgabe für Ihre Aktion zu setzen.

Ein vereinfachtes Beispiel macht deutlich, wie die Erfolgsmessung funktioniert: Sie verschicken ein Mailing in einer Auflage von 30.000 Stück. Jedes Mailing kostet 1,50 Euro. Gesamtkosten: 45.000 Euro. Jeder Kunde, den Sie gewinnen, bringt Ihnen 200 Euro Gewinn. Wenn Sie nun die Kosten durch diese Zahl teilen, haben Sie eine Zielvorgabe für Ihre Aktion: 45.000 geteilt durch 200 ergibt: 225. Sie müssen mit Ihrer 30.000 Briefen also mindestens 225 Kunden gewinnen, damit die Aktion rentabel wird. Das entspricht einem Response von 0,75%.

Versandtermin bestimmen

Legen Sie den Termin für die Aussendung frühzeitig fest. So können Sie alle Stufen der Produktion nach hinten berechnen und Eckdaten festlegen. Bevor Sie den Versandtermin bestimmen, sollten Sie jedoch den Kalender genau studieren. Vermeiden Sie Versandtermine um Feiertage und große Ereignisse herum. In den Adventswochen sind die meisten Menschen gedanklich in der Weihnachtsvorbereitung und weniger bereit, sich mit Ihren Angeboten zu befassen. Auch große Ereignisse wie etwa Bundestagswahlen haben einen schlechten Einfluss auf die Ergebnisse.

Werbemittel gestalten

Die Gestaltung Ihres Werbemittels steht nicht an erster Stelle. Denn erst, wenn Sie Angebot und Zielgruppe genau definiert haben, können Sie ein Mailing gestalten, das möglichst genau auf die Zielgruppe zugeschnitten ist. Wenn Sie die Arbeit an eine Werbeagentur vergeben, haben Sie jetzt die Vorgaben für ein genaues Briefing, nach dem die Agentur ein zielgruppengerechtes Mailing schreiben und gestalten kann.

Adressen aufbereiten

Für den Einsatz im Direktmarketing müssen Ihre Adressen aufbereitet werden. Die Adressen werden abgeglichen (besonders wichtig, wenn die Adressen aus verschiedenen Quellen stammen, damit keine Doubletten verschickt werden) und für den preiswerten Versand im Infopost-Tarif sortiert. Diese Aufgabe übernehmen spezialisierte Adressverarbeiter.

Werbemittel produzieren

Die Besonderheit bei der Produktion von Werbebriefen ist der ständige Blick auf das Gewicht. Denn der größte Kostenfaktor bei Werbebriefen ist meist das Porto. Unter 20 Gramm ist der Brief besonders preiswert, danach geht das Porto sprunghaft in die Höhe. Hier müssen Sie besonders auf das Papiergewicht und die Formate achten, um ein möglichst günstiges Porto zu erzielen. Eine weitere Besonderheit der Werbemittelproduktion: Alle Bestandteile müssen maschinell kuvertierbar sein, damit Ihr Mailing nicht von Hand eingetütet werden muss.

Auf den Response vorbereiten

Stellen Sie vor dem Versand sicher, dass die erwarteten Rückläufe zügig erfasst und bearbeitet werden können. Besonders wichtig ist die Information aller Ihrer Mitarbeiter im Kundenkontakt. Besonders Ihre Telefon-Mitarbeiter müssen auf den Versand des Mailing vorbereitet werden, da immer mehr Kunden telefonisch reagieren, auch wenn Sie ein Formular für die schriftliche Antwort beilegen.

Kuvertieren und postaufliefern

Das Versenden Ihres Mailings übernehmen in der Regel spezialisierte Versandunternehmen, so genannte Lettershops. Hier werden die einzelnen Bestandteile Ihres Mailings mit Kuvertiermaschinen in den Umschlag gesteckt, die Adressen werden aufgedruckt, der Umschlag frankiert und die Briefe so sortiert und gepackt, wie es die Post für den preiswerten Infopostversand fordert.

Retouren bearbeiten

Nutzen Sie die Retouren (unzustellbare Briefe, die Sie von der Post zurückbekommen), um Ihren Adressbestand zu pflegen und zu aktualisieren.

Erfolg messen und kontrollieren

Messen Sie die Zahl der Rückläufe Ihres Mailings (siehe auch Kapitel 6). Dabei müssen auch die telefonischen Reagierer von Ihren Call-Center-Mitarbeitern gezählt und Ihrer Mailing-Aktion zugeordnet werden. So stellen Sie zeitnah fest, ob sich Ihre Aktion gerechnet hat. Wenn ja, können Sie die Aktion wiederholen und zum Beispiel mit neuen Adressen ausweiten. Wenn nein, optimieren Sie Ihr Angebot, die Auswahl der Adressen und die Gestaltung Ihres Mailings. Besonders wichtig: Archivieren Sie alle Ergebnisse möglichst detailliert – diese Zahlen sind eine wertvolle Grundlage für die Planung Ihrer folgenden Aktionen.

ZITATE:

„Alle Produkte sind interessant. Es ist Ihr Job herauszufinden, warum."

Lee Pierce

„Angst, Schuld, Wut, Neid, Exklusivität und Erlösung. Wenn Ihr Brief nicht eines oder mehrere dieser Gefühle anspricht, zerreißen Sie ihn, und versuchen Sie es nochmal."

Bob Hacker

Erfolgskontrolle für Einsteiger

Sie senken die Kosten Ihrer Werbung und steigern den Erfolg – gleichzeitig!

Erika Mustermann hat ein kleines Übersetzungsbüro, mit dem Sie sich auf technische Übersetzungen ins Russische spezialisiert hat. Neue Kunden gewinnt Sie durch Werbebriefe und durch Kleinanzeigen, die sie in sechs Fachzeitschriften bundesweit schaltet. Jahrelang hat sie die Anzeigen – Kosten: monatlich rund 3.000 Euro – einfach so laufen lassen. Es war ja gut zu tun.

Aber dann passiert es: Ein wichtiger Kunde, der für rund ein Drittel des Umsatzes gesorgt hatte, springt ab. Kosten müssen gespart werden. Neue Kunden müssen her. Und zwar mehr als bisher.

Die Werbung muss besser laufen – und sie soll möglichst noch billiger sein als bisher. Da hilft nur eines: systematische Erfolgs-Kontrolle. Bisher hat sich

Erika Mustermann auf ihren Bauch verlassen und einfach nach Gefühl dort Anzeigen geschaltet, wo sie ihre Kunden vermutet hat. Weil das Geschäft lief, hat sie niemals überprüft, ob sich eine Schaltung wirklich auszahlte.

Mit wenigen einfachen Techniken gelingt es ihr, innerhalb eines Jahres ihre Werbekosten um 30% zu senken – und gleichzeitig gewinnt sie mehr Kunden und Interessenten als zuvor.

So wie in diesem Beispiel geht es in Tausenden von Unternehmen zu – und nicht nur in kleinen. Eine systematische Werbe-Erfolgskontrolle ist die Ausnahme. Dabei sind die Vorteile unschlagbar: Sie senken die Kosten Ihrer Werbung und steigern den Erfolg – gleichzeitig!

Alles, was dazu notwendig ist: Ein PC und eine einfache Tabellenkalkulation wie „Excel" (notfalls reichen auch Papier und Bleistift). Und Sie müssen ein wenig Zeit investieren, um Ihren Erfolg systematisch zu überprüfen. Gehen Sie dann in diesen Schritten vor:

Schritt 1: Stellen Sie fest, wie viel Sie für einen neuen Kunden zahlen!

Ihr Ziel ist es herauszufinden, ob sich eine Werbeaktion, ein Werbebrief oder eine Anzeige für Sie auszahlt. So können Sie die Werbung, die Ihnen nichts bringt, einstellen, und Aktionen, die Ihnen Kunden bringen, verstärken.

Dafür müssen Sie zunächst wissen, wie viel Sie pro Kunde oder Interessent ausgeben können. Ein Beispiel macht deutlich, worum es geht:

Sie zahlen für eine Anzeige z.B. 1.500 Euro

- *Wenn sich auf diese Anzeige vier Interessenten melden, dann haben Sie pro Interessent 375 Euro bezahlt (1.500 Euro : 4 = 375 Euro).*

- *Wenn sich auf die gleiche Anzeige 72 Interessenten mit Ihnen in Verbindung setzen, dann haben Sie pro Interessent nur rund 21 Euro bezahlt (1.500 Euro : 72 = 20,83 Euro).*

Auf diese Weise können Sie ganz einfach zwei Anzeigen in zwei unterschiedlichen Zeitungen oder Zeitschriften miteinander vergleichen. Beispiel:

Die Anzeige (jeweils zum Beispiel eine Sechstelseite) kostet in Zeitschrift A 1.200 Euro und in Zeitschrift B 1.700 Euro.

- Auf die Anzeige in Zeitschrift A melden sich 15 Interessenten. Kosten pro Interessent: 80 Euro.

- Auf die Anzeige in Zeitschrift B melden sich 19 Interessenten. Kosten pro Interessent: 89 Euro.

Fazit in diesem Beispiel: Zeitschrift B hat zwar unter dem Strich mehr Interessenten gebracht. Aber die Anzeige dort ist unwirtschaftlicher. In Zeitschrift A haben Sie weniger pro Interessent bezahlt.

Schritt 2: So stellen Sie fest, wie viel Sie ausgeben können

Schritt 1 ist eine ganz einfache Technik, um schnell die Ergebnisse von zwei oder mehreren Anzeigen miteinander zu vergleichen. Aber Sie wollen ja auch herausfinden, ob sich eine Anzeige (oder ein Werbebrief) für Sie auszahlt. Sie wollen einen Grenzwert herausfinden, bis zu dem sich der „Einkauf eines Interessenten/Käufers" für Sie lohnt.

Beispiel: „Bis 80 Euro pro Interessent ist für mich wirtschaftlich – wenn ich mehr ausgebe, zahle ich nur drauf."

Wenn Sie einen solchen individuellen Grenzwert für sich haben, dann erleichtern Sie sich Ihre Werbeplanung ganz erheblich. Sie können zum Beispiel eine neue Zeitschrift testen, die Rückläufer zählen und wie in Schritt 1 ausrechnen, wie viel Sie pro Rücklauf bezahlt haben. Wenn der Grenzwert unterschritten ist: „Prima, hier ab sofort verstärkt werben!" Wenn der Grenzwert überschritten ist: „Vergessen! Hier nicht wieder werben!"

Wie kommen Sie zu diesem Grenzwert? Dazu gibt es verschiedene Möglichkeiten:

1. Der einfache Weg: Am einfachsten ist es, wenn Sie Produkte per Post verkaufen (per Werbebrief oder Anzeige). An diesem Beispiel wird das Prinzip deutlich:

Sie brauchen dann nichts anderes zu tun, als vom Verkaufspreis Ihre Kosten und Ihren geplanten Gewinn abzuziehen, und Sie haben Ihren Grenzwert. Beispiel:

Netto-Verkaufspreis:	300,00 Euro
Ihre Kosten pro Stück (Einkaufspreis, Versand ...)	– 72,00 Euro
Ihre Gewinnerwartung:	– 100,00 Euro
Ihr Grenzwert:	128,00 Euro

Mit der Zahl können Sie nun feststellen, ob sich eine Anzeige für Sie lohnt. Beispiel: Sie schalten eine Anzeige, die 3.000 Euro kostet und bekommen 12 Bestellungen. Dann hatten Sie 250 Euro Kosten pro Rücklauf: Zu teuer! Nicht wiederholen! Bekommen Sie dagegen 23, Rückläufe zahlen Sie nur noch rund 115 Euro – und die Sache hat sich gelohnt.

2. Die Profi-Version für Werbebriefe: BEP berechnen. Hinter dem Kürzel steckt der amerikanische Begriff „Break Even Point". Der Punkt also, ab dem eine Werbeaktion Kosten deckend ist. Der BEP wird meist in Prozent angegeben. Grund: Bei Werbebriefen wird der Rücklauf in der Regel in Prozent angegeben. Die Formel für die BEP-Berechnung lautet:

$$\frac{\textit{Werbekosten je 1.000 Aussendungen}}{\textit{(Verkaufspreis – Stückkosten – Gewinnerwartung) mal 10}} = \textit{BEP}$$

Beispiel: Sie verkaufen ein Produkt und verlangen dafür 350 Euro vom Kunden. Dabei haben Sie Kosten (Einkaufspreis, Versandkosten, ...) von 140 Euro pro Stück und Sie brauchen einen Gewinn von z.B. 80 Euro. Sie bieten Ihr Produkt per Werbebrief an. Jeder Brief kostet Sie 1,80 Euro pro Stück (Druck, Porto ....), für 1.000 Aussendungen rechnen Sie also mit 1.800 Euro. Dann sieht Ihre BEP-Berechnung so aus.

$$\frac{\textit{1.800}}{\textit{(350 – 140 – 80) mal 10}} = \textit{1,38}$$

Jetzt wissen Sie, dass Sie mit Ihrem Werbebrief mindestens 1,38% Rücklauf bekommen müssen. Oder anders ausgedrückt: Auf 1.000 Briefe müssen mindestens 14 Bestellungen kommen, sonst zahlen Sie drauf.

So gehen Sie als Dienstleister oder Berater vor:

Leider ist es nicht immer so einfach wie in dem Beispiel oben! Vielleicht sind Sie – wie Erika Mustermann aus dem Eingangs-Beispiel – Dienstleister oder Berater. Sie verkaufen kein Produkt. Ihre Umsätze pro Kunde sind ganz unterschiedlich. Und Sie gewinnen durch Ihre Anzeigen nur Interessenten, die erst einmal nur Infos anfordern oder einen Besuchstermin mit Ihnen vereinbaren.

Das alles lässt sich zwar nicht so einfach in eine Formel verpacken wie beim Verkauf eines Produkts. Aber trotzdem können Sie den Gedanken aufnehmen: Von dem Preis, den Sie für Ihre (Dienst-)Leistung verlangen, Ihre Kosten und Ihre Gewinnerwartung abziehen und dann den Restbetrag als Grenzwert ansetzen.

Die folgende Anleitung zeigt Ihnen, wie Sie dabei vorgehen. Sie müssen dabei ein wenig mit Intuition arbeiten – aber in der Regel kommen Sie auch so zu einem Grenzwert, der Ihnen die Erfolgskontrolle und Ihre Werbeentscheidungen erheblich erleichtert. Gehen Sie so vor:

1. Sie schauen sich Ihre Kundenkartei an und berechnen, wie viele Aufträge Sie pro Kunde bekommen. Sie stellen zum Beispiel fest, dass Sie im Schnitt fünf Aufträge pro Kunde bekommen, bevor er Ihnen verloren geht.

2. Dann berechnen Sie den durchschnittlichen Umsatz pro Auftrag. Sie kommen zum Beispiel auf 600 Euro.

3. Durch eine einfache Multiplikation der beiden Werte kommen Sie dann darauf, dass ein durchschnittlicher Kunde Ihnen 3.000 Euro einbringt.

4. Jetzt ziehen Sie davon Ihre Kosten ab – nach dem Motto: „Wenn ich 3.000 Euro verdiene, wie viel geht davon für Miete, Material, für meinen eigenen Lohn, für Mitarbeiter usw. drauf?" Einfacher geht es, wenn Sie dazu die Daten aus Ihrer Buchführung zur Hand nehmen.

5. Sie kommen dann zum Beispiel zum Ergebnis, dass Sie 2.600 Euro „Kosten" haben. Bleiben also 400 Euro, die Sie für die Gewinnung eines Kunden ausgeben können.

In der Regel wird es nun so sein, dass Sie mit Ihren Anzeigen und Werbebriefen im ersten Schritt nur Interessenten gewinnen – das heißt: mögliche Kunden, die einen Gesprächstermin wollen, die weitere Informationen anfordern oder zuerst einmal mit Ihnen am Telefon sprechen wollen.

Jetzt sind noch einmal Ihre Intuition und Ihre Erfahrung gefragt. Denn jetzt müssen Sie entscheiden, aus wie vielen Akquisitions-Gesprächen Sie einen Kunden gewinnen. Nehmen wir an, Sie rechnen damit, dass aus jedem 3. Gespräch ein Kunde wird. Dann müssen Sie Ihre Zahl – 400 Euro – durch 3 teilen, und Sie haben Ihren Grenzwert, mit dem Sie in der Erfolgs-Kontrolle und der Planung von Anzeigen und Werbebriefen arbeiten können. In unserem Beispiel: 133 Euro.

Jetzt können Sie ganz einfach entscheiden, welche Anzeige sich für Sie bezahlt macht. Bringt Ihre Anzeige, die 1.700 Euro gekostet hat, nur fünf Interessenten (1.700 Euro : 5 = 340 Euro), heißt das: Nicht noch einmal schalten. Bringen 1.000 Werbebriefe, die zusammen 1.800 Euro gekostet haben, 17 Interessenten (1.800 Euro : 17 = 106 Euro), heißt das: Das hat sich gelohnt, noch mal machen!

Schritt 3: Wie Sie alle Ihre Anzeigen und Werbebriefe kontrollfähig machen

Alle Schritte, die Sie bis jetzt kennen gelernt haben, setzen eines voraus: Sie müssen alle Ihre Anzeigen und Werbebriefe kontrollfähig machen! Das heißt: Sie müssen genau wissen, auf welche Anzeige oder welchen Werbebrief der Interessent reagiert hat. Nur so können Sie genau die Rückläufer zählen und Anzeigen miteinander vergleichen. Dazu gibt es ganz einfache Methoden:

Für Kleinanzeigen*: Sie schalten Kleinanzeigen und bitten darin Ihre Kunden, schriftlich Informationen anzufordern. Sie schalten die Anzeige in zwei unterschiedlichen Zeitungen und wollen herausfinden, welche Zeitung mehr bringt. Dann können Sie durch einen kleinen Trick die Rückläufer unterscheiden:*

– In der Zeitung A geben Sie als Rücksende-Adresse „Beispielstr. 17a" an.

– In Zeitung B heißt die Rücksende-Adresse dagegen „Beispielstr. 17b".

Eine andere Möglichkeit: Fügen Sie in die unterschiedlichen Anzeigen jeweils eine andere Abteilung ein. Zum Beispiel „Muster GmbH, Abt. A-1" für Zeitung A und „Muster GmbH, Abt. B-1" für Zeitung B. So können Sie ganz einfach die zurückkommenden Briefe und Faxe der jeweiligen Anzeige zuordnen.

Für Anzeigen mit Coupon*: Noch einfacher ist die Zuordnung, wenn Sie größere Anzeigen mit Coupon schalten. Dann brauchen Sie nur irgendwo in den Coupon einen Code für die Anzeige einzudrucken (siehe Abbildung). Beispiel: „SP1799" steht für „Anzeige in Spiegel, Ausgabe 17, 1999".*

Für Werbebriefe*: Genau so funktioniert es auch bei Werbebriefen. Sie nehmen auf Ihr Antwortfax oder Ihre Antwortkarte einen Code auf, mit dem Sie feststellen können, welche Rücksendung aus welcher Werbebrief-Aktion oder aus welcher Adressliste kommt.*

Beispiel: Sie schicken Ihren Werbebrief gleichzeitig an 10.000 Firmen-Adressen heraus, die Sie von einer Adress-CD-ROM haben. 5.000 der Adressen gehören zur Branche A, und 5.000 Adressen gehören zur Branche B. Sie wollen herausfinden, welche Branche für Sie vielversprechender ist. Dann codieren Sie die Antwortkarten oder -faxe wie oben beschrieben. Sie müssen beim Kuvertieren und beim Versand peinlich genau darauf achten, dass die codierten Briefe auch richtig zugeordnet sind.

Was ist bei telefonischen Reaktionen? *Das Telefon wird als Reaktions-Mittel immer wichtiger! Hier bleibt nur eine Möglichkeit zur Erfolgskontrolle: Papier, Bleistift und die gute alte Strichliste. Machen Sie es sich zur Angewohnheit, jeden Anrufer zu fragen, durch welche Anzeige oder welchen Werbebrief er auf Sie aufmerksam geworden ist.*

Hier auf diesen Seiten habe ich Ihnen quasi als Einstieg in die Erfolgskontrolle grundlegende einfache Techniken für den Alltag erklärt. Bestimmt haben Sie erkannt, wie viele Probleme Sie schon mit diesen einfachen Techniken lösen können. Nehmen Sie zum Beispiel den Fall, dass Ihnen ein Mitarbeiter oder ein Werbetexter einen ganz neuartigen Vorschlag für einen Werbebrief macht, der ganz von Ihrer bisherigen Linie abweicht. Sie diskutieren mit Ihren Mitarbeitern darüber: Die eine Hälfte sagt: „Super! Endlich mal was Neues!" Die andere Hälfte tönt: „Nein, das kann man so nicht machen! Das haben wir noch nie so gemacht!"

Ohne System zur Erfolgskontrolle müssen Sie als Chef jetzt eine Entscheidung aus dem Bauch treffen. Und das kann fürchterlich teuer danebengehen! Mit einem System zur Erfolgskontrolle können Sie ganz einfach testen:

Sie verschicken den neuen Brief einfach in einer Testaussendung im direkten Vergleich mit dem Werbebrief, den Sie bisher eingesetzt haben. Wenn Sie zum Beispiel eine Aussendung an 10.000 Adressen geplant haben, dann schicken gleichzeitig 5.000 alte Briefe an die eine Hälfte und 5.000 neue Briefe an die andere Hälfte. Die Antwortkarten oder -scheine sind jeweils codiert, so dass Sie jede einzelne Antwort ganz einfach dem alten oder dem neuen Brief zuordnen können. Durch einfaches Auszählen sehen Sie dann sofort, welcher Brief Ihnen mehr einbringt.

Genau so können Sie es mit Anzeigen machen. Oder mit Adresslisten: Sie testen einfach und vergleichen die Zahlen. Wenn Sie alle Ergebnisse erfassen und sicher aufbewahren, dann bauen Sie mit der Zeit ein unschätzbar wertvolles Wissen darüber auf, was in der Werbung für Sie funktioniert und was nicht.

Anmeldecoupon mit Code ___ *(vgl. Seite 48)*

Machen Sie
Ihre Angebote unwiderstehlich

Stellen Sie sich vor, Marketing wäre wie Weihnachten. Das Produkt oder die Dienstleistung, die Sie verkaufen, das sind die Geschenke. Würden Sie die einfach so unter den Weihnachtsbaum werfen? Sicher nicht: Sie geben sich alle Mühe, die Geschenke verlockend zu verpacken. Mit wunderbaren Schleifen und Kartons, mit glitzerndem Papier und kleinen Kärtchen. So wird aus jedem Geschenk etwas Besonderes und Unwiderstehliches!

Genau so ist es im Marketing. So wie Sie zu Weihnachten ein Geschenk verpacken, so verpacken Sie Ihre Produkt oder Ihre Dienstleistung in ein möglichst verlockendes Angebot, um es für den Kunden unwiderstehlich zu machen. Was bekommt der Kunden zusätzlich? Wie kann er zahlen? Welche Garantien bekommt er? All das gehört mit zu Ihrem Angebot. Und Sie können auswählen zwischen einer großen Anzahl von erprobt erfolgreichen Angebots-Zutaten. Diese Liste gibt Ihnen einige Anregungen:

• Gratis-Geschenke

Bieten Sie ein kostenloses Extra zur Ihrem Hauptprodukt. Aus vielen Berei-chen ist das schon nicht mehr wegzudenken. Zum Beispiel bei der Abon-nement-Werbung von Zeitschriften. Da erwartet der Kunde geradezu, dass er mit der Abo-Bestellung einen Kugelschreiber oder Taschenrechner bekommt. Übertragen Sie die Idee auf Ihren Bereich!

• Garantien

Bieten Sie weitgehende Garantien: Geld-zurück-, Zufriedenheits- oder Rük-ktritts-Garantien. Jede Art von Garantie gibt dem Kunden Sicherheit und senkt die Barriere, die vor dem Kauf steht. Und: Wenn Sie eine weitgehen-de Garantie bieten – zum Beispiel so wie der Textilversender Land's End, der auf alle seine Produkte eine lebenslange Garantie gibt – dann zeigen Sie, dass Sie von Ihren Produkten oder Dienstleistungen 100-prozentig über-zeugt sind.

• Kostenlos zur Probe

Können Sie eine Kostprobe Ihres Produkts oder Ihrer Dienstleistung kosten-los zur Probe bieten? Oder eine günstige Testversion zum Ausprobieren? Wenn der Kunde erst einmal kostenlos ausprobieren kann, was Sie bieten, hat er die Chance, sich mit Ihrem Produkt oder Ihrer Dienstleistung anzu-freunden. Können Sie kein Muster oder keine Probe bieten, dann denken Sie an diese Möglichkeit:

• Gratis-Video, -Kassette oder -Broschüre

In Deutschland noch viel zu wenig genutzt: Videos als Werbemittel. Wenn Sie kein kostenloses Muster für Interessenten anbieten können, dann ent-scheiden Sie sich für ein Gratis-Video, das dem Kunden die Vorzüge Ihres Produkts oder Ihrer Dienstleistung zeigt. Beispiel: Immobilienmakler. Auf dem Video ist ein Rundgang durch das angebotene Bürohaus zu sehen.

• Gewinnspiele

Verbinden Sie Ihr Angebot mit der Teilnahme an einem Gewinnspiel. Sie sprechen damit den Spieltrieb der Menschen an – die Aussicht auf einen zusätzlichen Gewinn macht Ihr Angebot verlockender.

• **Zeit- oder mengenbegrenzte Angebote**

Beinahe jeder Mensch hat Angst, eine gute Gelegenheit zu verpassen. Machen Sie sich das in der Darstellung Ihres Angebots zunutze. Bieten Sie Sonderangebote oder spezielle Produkte nur für kurze Zeit oder in begrenzter Menge. Dadurch bewegen Sie Ihre Kunden dazu, sich jetzt sofort für Ihr Angebot zu entscheiden!

• **Exklusiv-Angebote**

Entwickeln Sie spezielle Angebote für einzelne Kundengruppen. Zum Beispiel eine limitierte Sonder-Edition oder einen zusätzlichen Spezialservice nur für Ihre besten Kunden. Das gibt einen Hauch von Exklusivität und den angesprochenen Kunden das angenehme Gefühl, etwas Besonderes zu sein.

• **Günstige Zahlungsbedingungen**

Ein hoher Preis dürfte in fast allen Bereichen das größte Hindernis im Verkaufsprozess sein. Machen Sie sich deshalb möglichst viele Gedanken darüber, wie Sie Ihren Kunden die Zahlung erleichtern können: Zahlung auf Rechnung gegenüber Vorkasse verdoppelt in manchen Bereichen die Zahl der Abschlüsse. Können Sie Ratenzahlung bieten, damit der Kunde einen hohen Betrag in zu verkraftenden Häppchen abstottern kann? Akzeptieren Sie Kreditkarten?

Ideen und Tipps für Marketing ohne Geld

Jeder hält die Hand auf, wenn Sie werben wollen: Die Zeitung berechnet in jedem Jahr mehr für den Anzeigen-Millimeter. Für eine ansehnliche Anzeige kommen schnell ein paar tausend Euro zusammen. Die Post kassiert kräftig Porto für jeden Werbebrief. Und von den Kosten für einen Fernsehspot wollen wir am besten gar nicht reden. Der Ausweg: Nutzen Sie alle Möglichkeiten, um kostenlos oder möglichst preiswert zu werben.

Beispiele

Auf den folgenden Seiten finden Sie einige Ideen, die Ihnen zeigen: Es funktioniert. Und häufig ist es einfacher und nahe liegender, als man denkt. Nehmen Sie diese Ideen als Anregungen und Beispiele für Ihren Alltag. Sie entdecken dabei vielleicht, dass jeder Tag voller Chancen steckt, neue Kunden zu gewinnen. Schon allein dieses Bewusstsein führt zu mehr Erfolg

Beispiel: So provozieren Sie mit jedem Brief einige Empfehlungen

Verteilen Sie Ihre Visitenkarte nur, wenn Sie einen Kunden zum ersten Mal sprechen? Fehler!

Sie können Ihre Visitenkarte wieder und wieder für sich arbeiten lassen, um neue Kunden zu gewinnen und Empfehlungen zu provozieren. Machen Sie es so wie dieser Finanzmakler, den ich einmal kennen gelernt habe:

Jedem einzelnen Brief, den er verschickt, legt er drei seiner Visitenkarten bei. Er steckt seine Kärtchen nicht nur in Werbebriefe. Jeder Brief – egal, ob Angebot, Termin-Bestätigung oder Info-Brief – bekommt als Beilage die Visitenkarten. So sorgt der Makler für einen konstanten Fluss von Neukunden.

Der Vorteil ist klar: Ihre Kunden können Sie und Ihr Angebot ganz bequem weiterempfehlen. Wenn der Kunde nach einem guten Finanzmakler gefragt wird, vielleicht von einem Freund, dann kann er sofort eine Visitenkarte hervorzaubern – er hat ja genügend davon.

Haben Sie bei der letzten Nachbestellung Ihrer Visitenkarten zu viele drucken lassen? Dann können Sie die Idee für 0 DM Kosten für sich arbeiten lassen. Legen Sie die Extra-Karten jedem Ihrer ausgehenden Briefe bei. Achten Sie aber darauf, dass Sie die Portogrenzen dabei nicht überschreiten: Eine Visitenkarte wiegt bei normaler Größe rund 1 Gramm.

Bringen Sie auch ein Postscriptum (P.S.) in Ihren Briefen unter. Bitten Sie den Empfänger darin, Ihre Karten an Bekannte oder Freunde weiterzugeben. Formulierungs-Tipp:

„P.S.: Bestimmt haben Sie Freunde oder Bekannte, die wie Sie von meinem Angebot profitieren könnten. Deshalb habe ich Ihnen ein paar von meinen Visitenkarten beigelegt, die Sie weitergeben können. Vielen Dank!"

Beispiel: So nutzen Sie die am stärksten beachteten Briefe zur Werbung

Denken Sie einmal nach: Welche Ihrer Briefe werden vermutlich am stärksten beachtet? Richtig: Ihre Rechnungen. So ist der Verlauf, wenn Sie Ihre Rechnung an ein Unternehmen schicken: Beim Öffnen des Umschlags bekommt der Brief einen Eingangs-Stempel. Dann wird er zum Sachbearbeiter weitergeleitet, der die Rechnung prüft und abzeichnet. Dann muss in der Regel noch der Chef abzeichnen, bevor Ihre Rechnung in die Buchhaltung geht, wo sie wahrscheinlich noch einmal geprüft und dann bezahlt wird.

Jede dieser Stationen ist eine Chance zum Verkauf für Sie – wenn Sie diese Idee nutzen: Bringen Sie auf jede Rechnung, die Sie verschicken, ein Angebot.

Legen Sie in dem Programm, mit dem Sie Ihre Rechnungen ausdrucken, einen Textbaustein an, der automatisch auf jeder Rechnung erscheint. So kostet diese Zusatzwerbung nicht einen Pfennig. Bringen Sie am besten ein aktuelles Angebot, das für den Empfänger noch neu ist: ein Sonderangebot, einen Hinweis auf einen neuen Service, ein preiswertes SparPaket, das Sie aktuell geschnürt haben. Und wenn Sie einen Farbdrucker haben: Drucken Sie den Werbetext in einer Zusatzfarbe ab, zum Beispiel in Rot, damit Ihr Angebot nicht übersehen wird.

Beispiel: Tauschen Sie Ihre Werbung mit Geschäftsfreunden

Haben Sie vielleicht schon einmal mit einem Unternehmerkollegen über die hohen Werbungskosten gestöhnt? Diese Idee könnte einem solchen Gespräch eine interessante Wendung geben: Bieten Sie sich als Tauschpartner an. Und schlagen Sie dadurch den teuren Werbemedien ein Schnippchen.

Nehmen wir an: Sie haben ein kleines Versand-Unternehmen, mit dem Sie Natur-Kosmetik bundesweit vertreiben. Ihre Kunden gewinnen Sie über Kleinanzeigen, in denen Sie einen Prospekt und eine kostenlose Probe anbieten. Aber die Anzeigen sind teuer und bringen nur wenig Rückläufe.

Dann nehmen Sie einmal die anderen Kleinanzeigen unter die Lupe, die neben Ihren stehen. Wenn dort beispielsweise die Anzeige eines Versenders für Mode aus naturbelassenen Stoffen steht, dann rufen Sie dort an, und schlagen Sie einen Tausch vor. Jeder legt seinen Aussendungen die Prospekte,

Werbebriefe oder Warenproben des anderen bei. Genauer – und preiswerter – können Sie Ihre Zielgruppe nicht treffen!

Beispiel: So heizen Sie kostenlose Mundpropaganda an

Mundpropaganda ist die beste Werbung: Sie kostet nichts, und sie wirkt am glaubwürdigsten. Aber wie provozieren Sie Mundpropaganda? Da hilft ein Blick auf die Gastronomie. Denn kaum eine Branche ist so auf Mundpropaganda angewiesen wie die Gastronomie. Oder haben Sie schon einmal ein Restaurant aufgrund einer Anzeige besucht? Jeder verlässt sich da lieber auf den Tipp eines Freundes!

Ich kenne einen findigen Restaurant-Besitzer in New York, der besonders wirksame Techniken entwickelt hat, um sicher Mundpropaganda zu erzeugen. Hier drei davon:

- *Reservierungen nimmt das Restaurant nur dann entgegen, wenn mindestens sechs Personen kommen wollen. Wer als Paar sichergehen will, dass er einen Platz bekommt, muss also mindestens vier Freunde anrufen und davon überzeugen, dass sich ein Essen in dem Restaurant lohnt.*

- *Alle Portionen, die dann serviert werden, sind doppelt so groß wie gewöhnlich. Das führt zu begeisterten Berichten über die enormen Portionen, wenn der Restaurant-Besucher am nächsten Tag im Büro mit seinen Kollegen plaudert.*

- *Und eine besonders pikante Form der Mundpropaganda: Das Restaurant würzt seine Gerichte mit einer außergewöhnlichen Menge von Knoblauch. So kommt der Besucher gar nicht daran vorbei, am nächsten Tag allen möglichen Leuten zu berichten, woher der Knoblauch-Geruch stammt.*

Das Beispiel des US-Restaurants zeigt Ihnen, worauf es ankommt: Wenn Sie Mundpropaganda haben wollen, müssen Sie Ihren Kunden auch entsprechenden Gesprächsstoff liefern.

Beispiel: Schnippel-Marketing:

Ab sofort gehören die folgenden Utensilien auf Ihren Frühstückstisch: Zeitung (ist wahrscheinlich sowieso schon da) – Schere – Kleber – Papier – Kuli – Umschläge – Briefmarken.

Wenn alles bereitliegt, können Sie schon beim nächsten Frühstück erstaunlich günstige Werbe-Erfolge erzielen – wenn Sie der Anleitung von Günter Bittner folgen, dem Erfinder des „Schnippel-Marketings". Sein Erfolgsrezept: Lesen Sie die Zeitung aufmerksam, „schnippeln" Sie alle Meldungen aus, in denen Unternehmen oder Personen vorkommen, die für Sie als Kunden in Frage kommen. Kleben Sie die Zeitungs-Meldung auf einen Briefbogen. Schreiben Sie einen Kommentar dazu, und schicken Sie den Brief an die betreffende Person oder an das Unternehmen.

Bittner hat mit dieser Methode sein Büro-Einrichtungshaus in Augsburg groß gemacht: Er sammelte gezielt Informationen über Unternehmen und Behörden aus allen Zeitungen und Zeitschriften, die er in die Finger bekam. Beispiel: In der Tageszeitung stand, dass eine ortsansässige Brauerei ihr 25-jähriges Jubiläum feierte. Den Ausschnitt klebte Bittner auf seinen Briefbogen – dazu schrieb er seinen Glückwunsch und eine einfache Frage: ob er den erfolgreichen Firmenauftritt der Brauerei in den nächsten 25 Jahren durch neue Büromöbel unterstützen könne.

Drei Tage später rief Bittner an und bekam sofort einen Termin beim Brauerei-Chef, der von dem ausgefallenen Brief begeistert war. Der Erfolg: Bittner bekam den Auftrag, die gesamte Chefetage neu einzurichten.

Seine Erfahrung: „Wenn Sie zehn Briefe verschicken, bekommen Sie mindestens fünf Rückmeldungen." Und wenn Sie von den Angeschriebenen nichts hören: Rufen Sie ein paar Tage nach dem Brief an. „95% der Angeschriebenen erinnern sich an den Brief. So haben Sie mit minimalem Aufwand einen neuen Kontakt geschaffen!"

Für „Schnippel-Marketing"-Erfinder Bittner war die Idee so erfolgreich, dass er sein florierendes Büroeinrichtungshaus verkauft hat, als Marketing-Berater Vorträge hält und ein Buch über die Schnippel-Technik geschrieben hat („Neue Kunden in Sekunden. Erfolgreiches Schnippel-Marketing mit Grips, Charme und Schere", Click Verlag, Augsburg, 130 Seiten, Kontaktadresse: Günter Bittner, Ulmer Str. 210, 86156 Augsburg, Tel. 08 21/40 40 21).

Nutzen Sie PR

Wir hatten das Thema kurz bei den Marketing-Fehlern: Viele Unternehmer trauen sich nicht PR zu machen – also die Medien für sich arbeiten zu lassen. Wenn es auch meist nicht ganz kostenlos ist: Wenn es Ihnen gelingt, Zeitschriften, Zeitungen oder sogar Fernsehstationen und Radiosender zur Berichterstauung über Ihr Unternehmen zu bewegen, dann ist das eine der wirksamsten und preiswertesten Werbemethoden. Preisgünstige PR ist sogar häufig der entscheidende Erfolgsfaktor bei jungen Unternehmen, die sich teure Werbekampagnen nicht leisten können.

Das habe ich selbst einmal bei der Frau eines Bekannten erlebt. Sie hatte anfangs eher als Hobby begonnen Design-Lampen zu bauen. Da Bekannten und Freunden die Lampen so gut gefielen und von allein immer mehr Aufträge kamen, entschloss sie sich ein kleines Unternehmen daraus zu machen und die Lampen in kleiner Serie zu produzieren. Für große Anzeigen war kein Geld da. Also schrieb sie einfach eine kleine Pressemitteilung und schickte sie zusammen mit einigen gut gemachten Fotos Ihrer Lampen an einige Einrichtungs- und Wohnzeitschriften. Mit durchschlagendem Erfolg: Die größte Einrichtungszeitschrift Deutschland mit mehreren Hunderttausend Auflage druckte ein Foto ab und veröffentlichte die Adresse der Frau als Geheimtipp für neue Designer-Lampen. Darauf kam eine wahre Flut von Anfragen und Bestellungen. So wurde durch eine einzige Presseveröffentlichung aus einem Ein-Frau-Unternehmen eine mittelständische Design-Firma mit ordentlichen Umsätzen.

Das Beispiel zeigt: Mit Selbstvertrauen, ein paar Euros für den Versand der Pressemitteilung und ein wenig Glück haben auch kleine Unternehmen eine Chance in der Presse. Sie müssen sich nur trauen, auf Journalisten zuzugehen – durch einen Anruf oder durch Pressemitteilungen. Wichtig ist dabei, dass Sie den richtigen Ton treffen. Dazu habe ich Ihnen ein paar Tipps zusammengestellt:

Der richtige Umgang mit Journalisten

Der Umgang mit Journalisten erfordert Fingerspitzengefühl. Denn ein Großteil der Journalisten begegnet Ihnen ganz automatisch mit Vorbehalten: Sie sind der Unternehmer, der nur „kostenlose Werbung" im redaktionellen Teil der Zeitung haben will. Sie sind der Unternehmer, der den unabhängigen Journalisten nur ausnutzen will. Deshalb fünf Profi-Tipps, die Ihnen die

Zusammenarbeit mit Journalisten erleichtern – und Ihre Chance auf eine Berichterstattung erhöhen können.

Tipp 1: Einen Informanten zwischenschalten

Oft ist es ratsam, die Presse nicht selbst auf eine Story über das eigene Unternehmen aufmerksam zu machen. Schalten Sie einen Informanten dazwischen – einen Nachbarn, der in der Redaktion anruft und auf ein lustiges Fotomotiv aufmerksam macht. Oder einen freien Journalisten Ihres Vertrauens, der Ihre Story einer Fachzeitschrift anbietet.

Ihr Vorteil dabei: Sie gehen nicht als Bittsteller zum Journalisten, der sich einen Bericht wünscht. Sie drehen den Spieß um: Der Journalist kommt zu Ihnen, weil er eine interessante Geschichte wittert.

Tipp 2: Selbst Informant sein

Was Journalisten am liebsten haben: Interessante Storys, die nur sie allein bieten. Liefern Sie den Redakteuren hin und wieder eine Exklusiv-Story: Haben Sie zum Beispiel von einer Mauschelei Wind bekommen, oder haben Sie gehört, dass ein interessantes Unternehmen plant, sich in Ihrem Ort anzusiedeln – könnten das interessante Themen für Ihre örtliche Zeitung sein.

Der Vorteil für Sie: Der Journalist wird Sie positiv in Erinnerung behalten und sich vielleicht sogar ein wenig verpflichtet fühlen. Die Chance ist größer, dass er zum Beispiel ausführlich über Ihr nächstes Jubiläum berichtet.

Tipp 3: Fehler verzeihen

Einen Namen falsch zu schreiben – das gilt unter Journalisten als unverzeihlicher Anfänger-Fehler. Trotzdem werden Sie schnell feststellen: Es passiert immer wieder, dass Ihr Name falsch geschrieben wird, dass Ihr Firmenname nicht richtig wiedergegeben wird, dass ein Fachthema zu einfach dargestellt ist. Solche kleinen Fehler passieren gerade in Lokalredaktionen immer wieder. Der Grund: Häufig arbeiten hier Anfänger – und das unter großem Zeitdruck. Nicht selten muss ein freier Mitarbeiter eine ganze Lokalseite am Tag allein „zukriegen", wie es im Jargon heißt: Er muss alle Artikel seiner Seite an einem Tag schreiben.

Das Schlimmste, was Sie bei einem solchen Fehler machen können: Anrufen und den Journalisten oder seinen Chef zusammenstauchen. Wenn Sie das tun, steht eines fest: Er wird garantiert nie wieder über Sie oder Ihr Unternehmen berichten.

Übersehen Sie kleine Fehler gelassen. Nur wenn in dem Bericht über Ihr Unternehmen ein gravierender Fehler ist, der unbedingt berichtigt werden muss, rufen Sie an. Danken Sie dann zunächst für den Bericht. Loben Sie den Autor, wie lebendig er den schwierigen Sachverhalt dargestellt hat.

Kommen Sie dann langsam zum Punkt: „Da habe sich doch tatsächlich eine kleine Sache eingeschlichen, wahrscheinlich weil Sie sich selbst nicht klar genug ausgedrückt hätten ...“ Wenn Sie so behutsam an das Thema rangehen, wird vielleicht sogar ein zweiter Bericht daraus, in dem der Fehler berichtigt wird.

Tipp 4: Nicht mit Anzeigen argumentieren

Ebenso schlimm wie Mäkelei an Fehlern: Der Druck über die Anzeigen. Manche Unternehmer drohen der Zeitung, nie wieder eine Anzeige zu schalten, wenn über das Jubiläum des Konkurrenten größer berichtet worden ist, als über das eigene oder wenn eine Notiz über das eigene Unternehmen erscheint, die negativ verstanden werden könnte. Wer dann mit dem Rückzug aller Anzeigen droht, schadet sich selbst. Denn dann ist innerhalb der Zeitung der Streit zwischen Redaktion und Anzeigenabteilung vorprogrammiert.

Auf der anderen Seite ist es besonders bei kleinen Verlagen und Fachzeitschriften an der Tagesordnung, dass Sie einen redaktionellen Bericht bekommen, wenn Sie eine Anzeige schalten. Sprechen Sie trotzdem nicht von sich aus darauf an.

Tipp 5: Nur kleine Annehmlichkeiten erhalten die Freundschaft

Es gibt Journalisten, die sind ständig auf der Jagd nach dem eigenen Vorteil. Sie lassen keine Möglichkeit aus, um von Presserabatten beim Auto- oder Computerkauf zu profitieren. Manche halten gar die Hand auf und bringen dafür wohlwollende Berichte.

Aber Vorsicht, das ist nur ein kleiner Teil! Die allermeisten Journalisten reagieren empfindlich auf alles, was nach Bestechung aussieht.

Das heißt für Sie: Keine großzügigen Geschenke oder spendablen Einladungen machen! Bieten Sie kleine Annehmlichkeiten: den Imbiss beim „Hintergrundgespräch", den bereitliegenden Schreibblock inklusive Kugelschreiber ...

Marketing ohne Werbung

In diesem Kapitel haben Sie gesehen, dass es viele Möglichkeiten gibt, umsonst zu werben und dass PR eine oft preiswerte und wirksame Methode ist, neue Kunden zu gewinnen. Zusätzlich möchte ich Sie in diesem Kapitel noch auf einen ganz wichtigen Bereich hinweisen: auf das Marketing ohne Werbung. Damit meine ich die grundsätzliche Einstellung und Organisation Ihres Unternehmens. Wenn beides auf den Kunden ausgerichtet ist, dann sind sie ganz entscheidende Marketing-Faktoren. Hier die wichtigsten neun Grundsätze dazu:

1. Ich biete meinen Kunden immer mehr als das, was ich versprochen habe. (Dadurch werden meine Kunden mich weiter empfehlen.)

2. Ich bin immer darauf vorbereitet, eine größere Nachfrage zum Beispiel nach einer Werbe-Aktion schnell und effizient zu befriedigen.

3. Das ganze Erscheinungsbild meines Unternehmen, meiner Mitarbeiter, meiner Produkte oder Informationsmaterialien strahlt Vertrauen aus.

4. Meine Preise sind immer klar, vollständig wiedergegeben und fair.

5. Alle Kunden und Mitarbeiter – auch solche, die ich persönlich vielleicht nicht so gerne mag – werden immer ehrlich, freundlich und professionell behandelt oder bedient.

6. Ich kann in wenigen klaren Worten beschreiben, was genau mein Unternehmen macht.

7. Ich kann meine typischen Kunden klar beschreiben.

8. Meine Kunden wissen genau, was sie von mir wollen und was die Vorteile und der Nutzen meiner Produkte oder Leistungen sind. Sie wissen genau, was an meinen Produkten oder Leistungen einzigartig ist.

9. Wenn ein Kunde ein Problem mit meinem Unternehmen oder eine Beschwerde hat, wird er am Schluss immer zufrieden sein.

Der einfachste Weg zu mehr Verkäufen

Wollen Sie für Ihren nächsten Verkaufs-Erfolg 100 oder 10 Euro ausgeben?

Experten sagen: Es ist bis zu 10 Mal teurer, einen neuen Kunden zu gewinnen, als einen vorhandenen Kunden zum zweiten Kauf oder Abschluss zu bewegen. Deshalb ist es ein Fehler, bei der Werbung immer in erster Linie an die Neukundenwerbung zu denken.

Ihr Geld ist oft bei der Werbung, die sich an bestehende Kunden richtet, viel profitabler angelegt. Denn der Kunde, mit dem Sie schon einmal ein Geschäft gemacht haben, kennt Ihre Leistungen, und er ist mit Ihrem Unternehmen vertraut. Deshalb ist es wesentlich einfacher, ihm den Anstoß zu weiteren Käufen zu geben. Hier sieben Ideen, mit denen Sie Ihre wertvollsten Kunden hegen und pflegen.

Idee 1: Etwas ganz Besonderes für die besten Kunden

Haben Sie schon überprüft, welche Kunden Ihre ältesten und treuesten sind? Rechnen Sie einmal nach, wie viel Umsatz und Gewinn diese Kunden Ihnen gebracht haben. Und wenn Sie gerade einmal dabei sind: Rechnen Sie auch einmal nach, wie viel Gewinn diese besonders Treuen Ihnen in Zukunft bringen werden, wenn sie noch einmal so lange bei Ihnen bleiben. Sie stellen schnell fest: Es wäre ein Riesenverlust, wenn nur ein einziger von ihnen abspränge. Es lohnt sich also, für die 5 oder 10% der besten Kunden einen ganz besonderen Service zu bieten.

So hat es ein oberbayerischer Urlaubsort gemacht. Die sympathische Idee: Für jeden Gast, der zum 15. Mal mindestens eine Woche Urlaub in dem Ort machte, stellte die Gemeinde eine „persönliche Ruhebank" auf, die auf einem Schild den Namen des Gastes trug. Und der treue Gast konnte sich seine Lieblingsstelle aussuchen, wo die Bank aufgestellt wurde. Eine eigene Bank! Wenn das kein Argument ist, auch die nächsten 15 Jahre an diesen Urlaubsort zu fahren!

Die Idee lässt sich leicht auf andere Branchen übertragen. Hier nur 2 Beispiele:

* *Sie pflanzen für jeden besonders treuen Kunden einen Baum.*

• Sie stiften für jeden Kunden, der zum Beispiel seit 5 Jahren Ihr Kunde ist, ein Spielgerät fürs örtliche Kinderheim.

Idee 2: Machen Sie es persönlich

Ein besonders wichtiges Argument, immer wiederzukommen, ist die persönliche individuelle Behandlung. Hier eine Idee, wie Sie den Kundenkontakt durch ein kleines Werbegeschenk besonders individuell gestalten können: Eine Druckerei engagierte für ihren Messestand einen Fotografen, der von allen Besuchern, die zum Gespräch gekommen waren, ein Foto machte. Nach der Messe erhielten alle Besucher ihr Foto, das sie gemeinsam mit dem Geschäftsführer der Druckerei zeigte – zusammen mit einem Dankeschön für das freundliche Gespräch.

Diese Idee können Sie mit wenig Aufwand bei jeder Messe oder jedem Tag der offenen Tür durchführen. Sie können aber auch eine Idee für einen besonders individuellen Werbebrief daraus machen. Zum Beispiel so:

Als Autohändler laden Sie Ihre Kunden zur Probefahrt Ihres neuesten Modells ein. Jeden, der die Einladung annimmt, fotografieren Sie vor dem schicken neuen Wagen. Hören Sie ein oder zwei Wochen danach nichts von dem Interessenten, schicken Sie das Foto an ihn mit der Frage: „Haben Sie sich schon entschieden? Darf ich Ihnen noch ein besonders günstiges, neues Finanzierungs-Angebot machen?" Mit dem Foto haben Sie einen wunderbaren Anlass, das Verkaufsgespräch wieder aufzunehmen.

Und wenn der Kunde sich nach der Probefahrt für Ihr Auto entscheidet: Schenken Sie ihm das Foto, vielleicht in einem schönen Rahmen, bei der Übergabe des neuen Autos.

Idee 3: Kundengespräche: Wer mitmacht, bleibt bei der Stange

Laden Sie Ihre Kunden zu regelmäßigen Gesprächskreisen ein! Fragen Sie Ihre Kunden dabei, wie sie mit Ihren Leistungen zufrieden sind. Fragen Sie nach den Stärken Ihres Unternehmens, und danach, wo Sie sich verbessern müssen. Das ist eine Idee mit doppeltem Nutzen:

1. Sie bleiben nah an Ihren Kunden. Sie erfahren, welche Wünsche und Bedürfnisse Ihre Kunden haben. Sie können Ihr Angebot danach ausrichten und Sie können leichter entscheiden, welche Werbeargumente Sie in Ihrer Werbung herausstellen.

2. Wer bei Ihnen mitarbeitet, bleibt mit größter Wahrscheinlichkeit Ihr Kunde. Denn jeder fühlt sich geehrt und wichtiggenommen, wenn seine Meinung gehört wird.

Laden Sie zu solchen Kundenforen Ihre besten Kunden ein. Veranstalten Sie das Treffen in einem Restaurant oder Hotel. So haben Sie die Gelegenheit, sich mit einem kostenlosen Essen für die Teilnahme zu bedanken.

Idee 4: Schnell und kreativ auf Kundenwünsche reagieren

Wenn Sie von einem Kunden länger nichts gehört haben, kann das einen einfachen Grund haben: Er kann oder will sich vielleicht Ihre Dienste nicht mehr leisten. Sparen ist der Trend – in Firmen ebenso wie in den meisten Privathaushalten.

Besonders betroffen von der Sparwelle: Restaurants. Denn immer weniger leisten sich das teure Essen außer Haus. Ein China-Restaurant in Berlin reagierte so: Es bietet Spar-Versionen für alle Gerichte an: Auf dem Teller ist nur ein Drittel der üblichen Menge, und dafür zahlt der Gast auch nur ein Drittel des normalen Preises. Das China-Restaurant hat – entgegen dem Trend der Branche – nicht mit Umsatz-Einbußen zu kämpfen. Überprüfen auch Sie Ihr Angebot: Welche Spar-Versionen können Sie anbieten, um die Kunden zu halten, die auf den Pfennig achten müssen? Es geht dabei nicht um eine einfache Preissenkung. Es geht darum, dass Sie für den abgespeckten Preis, auch nur abgespeckte Leistung liefern.

Idee 5: So gewinnen Sie alte Kunden zurück

Was tun Sie, wenn ein ehemals guter Kunde nichts mehr von sich hören lässt?

Fällt es Ihnen überhaupt auf? Gehen Sie regelmäßig Ihre Kundenkartei durch, und stellen Sie so fest, wer durch die Maschen gefallen ist. Machen Sie es sich zur Angewohnheit, jeden anzurufen. Sie erfahren sofort, was die Gründe sind – und gewinnen sofort den ein oder anderen zurück. Sie können aber noch mehr tun, um ganz alte Kunden wiederzugewinnen.

Das zeigt dieses Beispiel: Der Inhaber eines alteingesessenen Wuppertaler Uhren- und Schmuckgeschäfts lud per Anzeige alle Ehepaare zu einem bunten Abend ein, die in diesem Jahr silberne oder goldene Hochzeit feierten. Einzige Bedingung: In den Eheringen musste der Stempel seines Hauses zu sehen sein.

Das brachte dem Juwelier nicht nur Kontakt zu alten Kunden, sondern auch kostenlose PR-Berichte in der örtlichen Presse.

Idee 6: Experten-Sprechstunden & Hotlines

Sie sind ein Experte auf Ihrem Gebiet! Das ist Ihr Kapital für wirkungsvolle Kundenbindungs-Aktionen. Richten Sie eine Experten-Sprechstunde zu Themen aus Ihrer Branche ein.

In die gleiche Richtung geht dieser Service: Lassen Sie Ihre Kunden nicht allein mit Ihrem Produkt. Bieten Sie eine möglichst umfassende Hotline an, die dem Kunden bei allen Problemen und Fragen zu Ihren Leistungen hilft. So ersticken Sie aufkeimende Unzufriedenheit.

Hotlines und Sprechstunden erfüllen einen weiteren Zweck: Sie halten den Kontakt zum Kunden und bekommen die Chance zum Cross-Selling. Ein Kunden der mit einer Frage anruft und eine kompetente Antwort bekommt, der freut sich wahrscheinlich auch, wenn er von der freundlichen Telefonkraft ein neues Produkt angeboten bekommt.

Idee 7: Die wichtigste Erfolgs-Formel für zufriedene Kunden

Zum Schluss die wichtigste Erfolgs-Formel für Ihre Kundenbindung: Bieten Sie Ihren Kunden immer ein kleines Extra, das Sie vorher nicht angekündigt haben. Oder: Leisten Sie stets ein klein wenig mehr als versprochen.

Beispiel Versandhandel: Legen Sie den Paketen ein kleines Werbe-Präsent oder eine Broschüre mit Tipps bei, die der Kunde beim Öffnen findet – als Dankeschön für die Bestellung und das Vertrauen. Kündigen Sie das Geschenk vorher nicht an! Sonst würden Sie den positiven Überraschungs-Effekt zerstören.

Beispiel Gastronomie: Wenn eine Hochzeitsgesellschaft in Ihrem Hotel feiert, schenken Sie dem Hochzeitspaar während der Feier einen Gutschein für eine kostenlose Übernachtung.

Beispiel Immobilienmakler: Schicken Sie allen Mietern, denen Sie erfolgreich eine Wohnung vermittelt haben, zum Einzug einen kleinen Strauß Blumen mit einem „Herzlichen Glückwunsch zur neuen Wohnung!" Ihre Kunden werden Sie weiterempfehlen und an Sie denken, wenn erneut eine Wohnungssuche ansteht.

Empfehlungs-Marketing

Welche Kunden sind die besten und einfachsten? Bestimmt sind es die, die von allein zu Ihnen kommen – ohne dass Sie Werbung machen mussten. Die Neukunden also, die einen Tipp bekommen haben von einem Feund oder Verwandten, doch einmal zu Ihnen zu gehen.

Der Vorteil mit diesen Kunden ist: Sie sind schon mehr oder weniger von Ihnen überzeugt. Sie müssen nicht mehr beweisen, dass Ihr Angebot das Beste ist. Der Neukunde weiß es schon, weil er den Tipp von seinem Freund bekommen hat!

Das Misstrauen gegenüber herkömmlicher Werbung wächst

Die Kunden werden kritischer und aufgeklärter. Vielleicht haben Sie selbst schon festgestellt, dass Ihre Anzeigen oder Werbebriefe früher erfolgreicher waren. Heute sind die meisten Kunden der Werbung gegenüber skeptischer eingestellt. Werbeversprechungen werden erst einmal grundsätzlich in Frage gestellt. Auf den Tipp eines Freundes aber kann man sich verlassen!

Empfehlungen bieten Orientierung

Der Kunde steht in beinahe allen Bereichen einem unüberschaubarem Angebot gegenüber. Egal ob Computer, Versicherung oder Auto – zu allem und jedem gibt es Hunderte von Wahlmöglichkeiten. Auch Fachzeitschriften und Verbrauchermagazine bieten nur wenig Orientierung, weil die eine Zeitschrift das und die andere jenes empfiehlt. Da wird der Tipp, die positiven Erfahrungen des Freundes zur wertvollsten Entscheidungshilfe aus der Sicht des Kunden.

Kunden wollen Sicherheit

Heute wollen Kunden mehr denn je Sicherheit. Experimente sind gerade in Zeiten von Kaufzurückhaltung nicht gefragt. Die Empfehlung eines Menschen, dem man vertraut, bietet genau die Sicherheit.

Denken Sie an den Kostenvorteil

Ganz nebenbei ist jede Empfehlung, über die Sie einen neuen Kunden gewinnen, ein Kostenvorteil: Sie geben für den Neukunden keinen Cent aus. Er ist ein Geschenk!

Grund genug also, sich über aktives Empfehlungsmarketing Gedanken zu machen. Überlassen Sie die Empfehlungen nicht allein dem Zufall. Beginnen Sie aktiv daran zu arbeiten, dass Ihre Kunden Ihr Unternehmen weiterempfehlen oder sogar als „Geheim-Tipp" weiterreichen.

Die Frage ist: Wie können Sie Mundpropaganda anheizen? Wie können Sie Ihre Kunden dazu bewegen, Ihr Unternehmen häufiger an Freunde, Bekannte und Verwandte zu empfehlen?

Dazu gibt es 3 Strategien:

1. Sie schaffen Spitzenleistung auf Ihrem Gebiet.

2. Sie übertreffen die Erwartungen Ihrer Kunden.

3. Sie vermeiden negative Mundpropaganda.

Drei Strategien für kostenlose Mundpropaganda

Strategie 1: So schaffen Sie Spitzenleistungen, die empfehlenswert sind

Wenn Sie erfolgreich Mund-zu-Mund-Werbung auslösen wollen, müssen Sie eine empfehlenswerte Leistung anbieten.

Das klingt nur im ersten Moment banal – im Detail ist es aber nicht ganz so leicht umzusetzen. Denn es hilft nichts, blindlings alles Mögliche zu verbessern. Dann vergeuden Sie nur Ihre Kräfte und bekommen am Schluss doch nicht die gewünschte Rückmeldung. Die Regel lautet deshalb: Konzentrieren und spezialisieren Sie sich auf eine bestimmte Zielgruppe und deren Probleme. Und schaffen Sie in diesem eng begrenzten Gebiet Spitzenleistungen. So können Sie mit vergleichsweise geringem Aufwand zu einem gesuchten Spezialisten werden. Ein Beispiel:

Ein junger Freizeitsportler aus Frankfurt verletzte sich beim Skifahren so schwer, dass er an den Rollstuhl gefesselt blieb. Als er seine Unterlagen ordnete, musste er feststellen, wie schwierig es für einen Behinderten ist, Versicherungen abzuschließen. Die Risiken waren den meisten Gesellschaften zu hoch, und sie wollten ihn nicht als Kunden. Aber er ließ nicht locker und kümmerte sich so lange um seine Versicherungen, bis er den richtigen Anbieter gefunden hatte, der ihn zu günstigen Konditionen versicherte. Dadurch wurde er zum Spezialisten auf diesem Gebiet. Und er hatte seinen neuen Beruf gefunden: Er vermittelt Versicherungen für Behinderte. Um Kunden braucht er sich nicht zu kümmern, weil er als Spezialist ständig weiterempfohlen wird.

Wie finden Sie Ihr Spezialgebiet, auf dem Sie empfehlenswerte Spitzenleistungen schaffen? Diese Frage können Sie beantworten, wenn Sie in fünf Schritten vorgehen:

In fünf Schritten zum empfehlenswerten Spezialisten

Schritt 1: *Finden Sie heraus, welche Stärken Sie haben.*

• *Wie lauten Ihre speziellen Stärken, und zu welchen Leistungen sind Sie selbst (und Ihre Mitarbeiter) am meisten motiviert?*

• *Mit welchen Produkten oder Leistungen haben Sie den größten Erfolg? Wofür werden Sie von anderen gelobt?*

Schritt 2: *Legen Sie Ihr Spezialgebiet fest.*

• *Welche Möglichkeiten der Spezialisierung ergeben sich aus der Liste Ihrer Stärken?*

• *Welchen speziellen Nutzen können Sie Ihren Kunden bieten?*

• *Wo lösen Sie ein dringendes Problem der Zielgruppe?*

• *Für welche Leistung ist die Nachfrage am größten?*

Schritt 3: *Zielgruppe genau definieren.*

• *Auf welche Menschen hatte Ihr Unternehmen bisher die größte Anziehungskraft?*

• *Welche Kunden sind aus Ihrer Sicht die besten?*

• *Durch welche Kunden werden Sie bisher am häufigsten weiterempfohlen?*

• *Welcher Kundengruppe können Sie den größten Nutzen bieten?*

• *Welche Kundengruppe hat den größten Bedarf an Ihren speziellen Leistungen?*

Schritt 4: *Profilierungs-Chancen suchen.*

• *Versetzen Sie sich in die Lage Ihrer Zielgruppe:*

• *Welche Probleme, Bedürfnisse und Wünsche treten im Zusammenhang mit Ihren Leistungen auf?*

• *Für welche Probleme haben Sie bereits Lösungsansätze entwickelt?*

Schritt 5: *Ideal-Lösung entwickeln.*

• *Wie sieht Ihre Ideal-Lösung für die Probleme Ihrer Zielgruppe aus?*

• *Welche Ideal-Lösung wünscht sich Ihre Zielgruppe?*

• *Welche Maßnahmen können Sie Schritt für Schritt ergreifen, um die Vision Ihrer Kunden in die Tat umzusetzen?*

Dieser Prozess hat viel mit Positionierung und dem Finden des USP zu tun (siehe Kapitel 1 und 2). Deshalb hier die 10 bekannten Grundsätze der Positionierung. Wenn Sie diesen Grundsätzen folgen, bekommen Sie Empfehlungen. Lesen Sie hierzu auch das Kapitel 3 in meinem neuen Buch „Endlich mehr verdienen". Zum Vertiefen eignet sich das „Praxishandbuch Positionierung".

Die 10 Grundsätze der Positionierung

1. Nicht besser, sondern anders.

2. Nicht exzellent, sondern außergewöhnlich.

3. Der Erste sein.

4. Wenn Sie nicht Erster sein können, finden Sie eine neue Kategorie.

5. Besser spitz als breit.

6. Wählen Sie ein Grundbedürfnis – und kein besonderes Verfahren.

7. Wählen Sie eine kleine Zielgruppe.

8. Lösen Sie für andere ein Problem.

9. Reden Sie darüber.

10. Bestimmen Sie den Preis.

Strategie 2: So übertreffen Sie die Erwartungen Ihrer Kunden

Wann spricht ein Kunde positiv über Ihr Unternehmen? Wenn er mehr bekommt, als er erwartet. Ihr Zauberwort für Empfehlungsmarketing lautet also: „Erwartungen". Kunden zufrieden zu stellen, das hält Ihr Unternehmen vielleicht am Leben. Aber wenn Sie mehr erreichen wollen, müssen Sie die Erwartungen übertreffen. Und positive Mundpropaganda entsteht erst dann, wenn Sie die Erwartungen deutlich übertreffen. Ein Beispiel:

Was erwarten die meisten Menschen von einem Handwerker? Gute sind nur schwierig zu bekommen, meistens sind sie unpünktlich, sie hinterlassen Schmutz und Unordnung. Ein findiger Malermeister, der auf Empfehlungsmarketing setzt, überrascht seine Kunden deshalb mit diesen Leistungen: Der Kunde bestimmt, wann der Maler kommt (und nicht umgekehrt, wie es üblich ist). Der Kunde muss keinen Finger krumm machen, wenn der Maler kommen: Die Zimmer werden ein- und ausgeräumt.

Wenn alles fertig ist, wird wieder ordentlich sauber gemacht. Weil private Kunden schnelle Reaktion lieben, kommt am Tag nach dem Anruf ein Mitarbeiter, um den Kunden zu beraten. 24 Stunden später hat der Kunde einen verbindlichen Kostenvoranschlag mit Festpreisabsprache und Termin auf dem Tisch. Nach dem Ende der Arbeiten wird ein Übernahmeprotokoll erstellt. Sollte der Kunde noch Beanstandungen haben, werden die Probleme sofort beseitigt. Dieses Beispiel ist echt: Das kleine Handwerksunternehmen mauserte sich zum profitablen Marktführer in Deutschland. Es hat 150 Franchisepartner und betreibt sogar eine florierende Beratungsgesellschaft für Malerbetriebe (Quelle: Kerstin Friedrich „Empfehlungsmarketing").

Ideen aus diesem Beispiel lassen sich problemlos auf jeden anderen Bereich übertragen. Nehmen Sie zum Beispiel die Mediziner, die sich angesichts der Lage im Gesundheitssystem immer mehr Gedanken über Marketing machen müssen: Stellen Sie sich nur vor: Sie gehen zum Arzt und bekommen ein Medikament verschrieben. Am nächsten Tag bekommen Sie einen Anruf vom Doktor: Er erkundigt sich, ob es Ihnen schon besser geht oder ob irgendwelche Nebenwirkungen aufgetaucht sind. Ihre Erwartungen sind übertroffen! Der Arzt hat durch einen einfachen Anruf einen Grund geliefert, dass Sie ihn bei nächster Gelegenheit an einen Freund weiterempfehlen.

Damit Sie mit dieser Strategie Empfehlungen und kostenlose Mundpropaganda auslösen, müssen Sie die Erwartungen Ihrer Kunden kennen. Und das geht ganz einfach: Fragen Sie! Nichts ist einfacher als das, wenn Sie als

Dienstleister oder Berater arbeiten – als Banker, Handwerker, Arzt, Finanz-berater, Software-Entwickler... Sie haben dann täglich Kontakt mit Ihren Kun-den und können einfache Fragen stellen, mit denen Sie sofort die Erwartun-gen Ihrer Kunden herausbekommen:

– Warum sind Sie zu uns gekommen? („Herr XY hat Sie empfohlen.")

– Warum hat er uns empfohlen? („Er sagte, Sie bieten besonders gute ....")

Strategie 3: Negative Mundpropaganda vermeiden – So machen Sie aus Nörglern Empfehler

Das Schwierige an der Mundpropaganda ist: Sie kann im Positiven wie im Negativen wirken – und zu allem Unglück entsteht negative Mundpropa-ganda viel schneller als positive Empfehlungen.

Jerry Wilson, Mundpropaganda-Experte aus den USA, hat untersucht, wie sich gute und schlechte Erlebnisse von Kunden mit Unternehmen herum-sprechen. Resultat ist die 3:33-Regel:

• *Gute Erlebnisse erzählen Kunden im Durchschnitt 3 Mal weiter.*

• *Schlechte Erlebnisse erzählen Kunden dagegen 33 Mal.*

Wie können Sie unzufriedene Kunden davon abhalten, 33 anderen von der Katastrophe zu berichten? Die Lösung lautet: Sie müssen Ihre Kunden dazu bringen, sofort mit Ihnen zu sprechen, wenn es Grund zur Klage gibt – und nicht mit jedem anderen. Wenn ein Kunde, der unzufrieden ist, seine Wut und seine Enttäuschung direkt bei Ihnen abgeladen hat, braucht er es nicht bei anderen zu tun, die diese Story wiederum genüsslich weitererzählen.

Wenn Sie es dann noch geschafft haben, auf seine Beschwerde richtig zu reagieren, haben Sie sogar eine sehr gute Chance, aus dem Nörgler einen Stammkunden und begeisterten Weiterempfehler zu machen. Und so gehen Sie vor:

Ihre wichtigste Aufgabe: Bringen Sie Ihre Kunden zum Reden

Das Problem bei der Sache: Untersuchungen haben ergeben, dass max. 5% der unzufriedenen Kunden sich überhaupt beschweren. 95% dagegen machen ihrem Ärger anderweitig Luft (zum Beispiel durch negative Mund-propaganda). Die meisten wechseln bei nächster Gelegenheit einfach zur Konkurrenz.

Deshalb ist Ihre wichtigste Aufgabe, Ihre Kunden zum Reden zu bringen. Machen Sie Ihren Kunden klar: Beschwerden sind willkommen! Dazu drei Tipps:

Tipp 1: Betonen Sie in jedem Gespräch mit dem Kunden, dass Sie unverzüglich von ihm Nachricht bekommen möchten, wenn ein Problem auftaucht.

Tipp 2: Machen Sie Ihren Kunden deutlich, wo sie sich beschweren können. Schreiben Sie zum Beispiel: „Bitte fragen Sie nach unserem Geschäftsführer, Hans Mustermann" oder „Rufen Sie unsere Service-Hotline an. Tel. ...."

Tipp 3: Machen Sie das Beschweren so einfach wie möglich. Verlangen Sie von Kunden keine schwierigen Dinge, wie man sie immer wieder auf den Packungen von Lebensmitteln geschrieben sieht: „Schicken Sie die angebrochene Packung unter Angabe des Kaufdatums und des Händlers an ..." Viel einfacher ist es für den Kunden, wenn er für seine Beschwerde nur den Hörer in die Hand nehmen muss.

So gehen Sie richtig mit Reklamierern um

Jede Beschwerde ist eine Chance! Warum? Sie haben gesehen, dass positive Mundpropaganda dann entsteht, wenn die Erwartungen des Kunden übertroffen werden. Wenn jetzt ein Kunde reklamiert, dann erwartet er in den meisten Fällen Ärger und Streit. Wenn Sie es aber anders machen, und es schaffen, den Kunden freundlich zu behandeln, ihm zuzuhören und eine gute Regelung zu finden, dann haben Sie seine Erwartungen übertroffen. Sie haben nicht nur negative Mundpropaganda abgewendet, Sie haben dem Reklamierer sogar einen Grund geliefert, Ihr Unternehmen weiter zu empfehlen. Gehen Sie dazu bei jeder Reklamation in 4 Schritten vor:

Schritt 1: Luft verschaffen

Wenn ein verärgerter Kunden anruft, lassen Sie ihn erst einmal reden. Er will sich Luft machen! Lassen Sie sich auf keinen Streit ein. Vermeiden Sie eigene ärgerliche Bemerkungen. Zeigen Sie lieber Verständnis: „Ich kann Ihren Ärger verstehen!"

Schritt 2: Bedanken Sie sich

Danken Sie dem Kunden dafür, dass er sich sofort bei Ihnen gemeldet hat. Zeigen Sie ihm, dass seine Zufriedenheit Ihnen wichtig ist

Schritt 3: Die entscheidende Frage

Jetzt ist der Zeitpunkt für die entscheidende Frage: „Was kann ich tun, um Sie zufrieden zu stellen?" Fragen Sie also, wie der Kunde sich eine Lösung vorstellt. Viele trauen sich nicht, diese Frage zu stellen, weil sie übertriebene Forderungen des Kunden erwarten. Die gibt es zwar auch, aber Sie stellen schnell fest: In aller Regel will der Kunde nichts weiter als einen angemessenen Schadensersatz oder sogar nur eine Entschuldigung.

Schritt 4: Eine Abmachung treffen

Das, was der Kunde sich als Wiedergutmachung vorstellt, wird jetzt vereinbart. Damit ist die Gefahr negativer Mundpropaganda gebannt. Damit aber endgültig positive Empfehlungen aus der Reklamation entstehen, gehen Sie noch einen entscheidenden Schritt weiter. Empfehlungen resultieren aus übertroffenen Erwartungen. Darum sollten Sie über die vom Kunden gewünschte Wiedergutmachung hinaus noch etwas tun. Behandeln Sie ihn wie einen VIP, schicken Sie ihm ein kleines Dankeschön, geben Sie ihm einen zusätzlichen Rabatt, den er gar nicht gefordert hat ...

Wenn Sie sich an diese Schritte halten, haben Sie eine große Chance, aus einem Reklamierer einen Ihrer besten und treuesten Stammkunden zu machen. Ihre Chance können Sie vergrößern, je schneller Sie die Beschwerde bearbeiten.

Extra 1:
Warum 9 von 10 Marketingplänen nicht funktionieren können

Grund 1: Viele Marketingpläne folgen blind den Trends

Beispiel: e-commerce. Ohne abzuwarten und ohne genaue Prüfung, ob und was Kunden bereit waren über Internet zu kaufen, investierten Start-Ups genauso wie etablierte Unternehmen mehrstellige Millionenbeträge in teure Internetshops.

Aber es haben nur die Internet-Shops überlebt, die sich an die klassischen Regeln des Marketings gehalten haben:

1. Der Erste sein. 2. Spezialprodukte anbieten, die es nicht an jeder Ecke gibt 3. Ausreichende Gewinnmarge.

Grund 2: Mangelnde Konzentration

Konzentration bringt mehr Erfolg als Diversifikation. Neue Marketingpläne nehmen oft neue Produkte auf, ohne dass alte Produkte aufgegeben werden. Produkterweiterung ist oftmals aber nur der Beweis der Unfähigkeit, ein reaktives Marketing-Konzept auf die Beine zu stellen. Geschäftsbereiche werden verlagert, aber die Firma nicht erweitert

Grund 3: Hektischer Preisaktionismus

Wenn die Verkaufszahlen nicht stimmen ist die Versuchung groß, die Preise zu senken. Doch Preissenkungen können fatale Folgen haben. Die Gewinnsituation verschlechtert sich. Bei Kunden setzt ein Gewöhnungseffekt ein: Sie werden zu Schnäppchenkäufern erzogen, die nur noch auf die Preissenkung warten und nicht mehr bereit sind, einen Normalpreis zu bezahlen.

Grund 4: Marketingpläne werden ohne vorausgegangene Positionierung erstellt

Marketing sollte aufmerksam machen auf die vorgenommene Positionierung. Wenn aber diese Positionierung nicht erfolgt ist, so ist Marketing weit-

gehend nutzlos. Es werden allenfalls Einmal-Effekte erzielt. Das Anschieben des Empfehlungsgeschäfts wird nicht erfolgen. Im übrigen ist Marketing ziemlich stark vergeudete Energie, wenn keine klare USP, keine klare Einmaligkeit durch die Positionierung ermittelt wurde.

Grund 5: Es wird auf einen unwichtigen Produktunterschied gesetzt

Ihr Angebot muss sich in einem für den Kunden wichtigen Punkt von den Konkurrenzangeboten deutlich unterscheiden. Ansonsten hat es auf dem Markt keine Chance.

Einer der häufigsten Fehler im Marketing ist: Unternehmer setzen auf Produktunterschiede, die vom Kunden als unwichtig eingestuft werden und aus diesem Grund kaum auffallen. Prüfen Sie darum genau, ob Sie Ihre Marketingstrategie auf eine ausreichende Differenzierung begründen. Dies können Sie nur ermitteln, wenn Sie mit Ihren Kunden in Kontakt bleiben und deren Wünsche und Vorlieben kennen.

Grund 6: Zu radikale Neuheiten

Das Bezahl-Fernsehen von Premiere: In Deutschland ist heute kaum ein Mensch bereit, für Fernsehen Abonnement-Gebühren zu zahlen. Ebenso scheiterte bisher die Einführung elektronischer Bücher, kleine Lesecomputer, auf die man immer wieder neue Buchtexte laden kann. Heute wollen die Menschen einfach noch Papier in der Hand haben, wenn sie ein Buch lesen. Auf der einen Seite müssen Sie zwar etwas Neues und Interessantes bieten. Die Neuheit darf jedoch nicht zu radikal sein und zu stark gegen bisherige Gewohnheiten verstoßen. Das Gleiche gilt für Experten: Wer zu radikal ändert, wird Revoluzzer genannt – wer etwas verändert, ist Trendsetter.

Grund 7: Tunnelblick

Viele Unternehmer haben bei der Gestaltung ihres Marketingplans und ihrer Werbung allein sich selbst und die engsten Konkurrenten im Auge. Aber die Zeit und die Aufmerksamkeit Ihres Kunden ist begrenzt. Deshalb kann Ihr Angebot übersehen werden, auch wenn es besser ist, als das Ihres direkten Konkurrenten.

Es gibt Tausende von Dingen, die jeden Tag um die Aufmerksamkeit und die Zuwendung Ihrer Kunden buhlen. Somit kommt Ihre Konkurrenz nicht alleine aus der eigenen Branche.

Prüfen Sie darum, ob Ihr Angebot möglicherweise zu harmlos ist, um Interesse zu wecken. Behalten Sie die Marketing-Aktivitäten möglichst vieler Unternehmen im Auge und versuchen Sie, von den Erfolgreichsten zu lernen, auch wenn sie nicht aus Ihrer Branche stammen.

Grund 8: Den Weg mit dem Ziel verwechseln

Zu viele Unternehmen haben nicht gelernt eine Strategie fallen zu lassen, die nicht funktioniert. Stattdessen versuchen sie es immer wieder mit neuen Techniken und Taktiken ....Wenn ein Pferd tot ist, so sollte man absteigen – das wussten schon die alten Indianer. Achten Sie darauf, dass Sie sich nicht in einen bestimmten Weg verlieben. Erfolgreiches Marketing ist das, was funktioniert. Testen Sie und benutzen Sie die Instrumente, Techniken und Strategien, die am meisten Response bringen.

Grund 9: Menschen bekehren wollen

Ein Marketingplan und die dazugehörige Werbung, kann immer nur Menschen aufmerksam machen auf das, was Sie anzubieten haben. Dabei sollten Sie sich auf Interessenten konzentrieren, also auf potenzielle Kunden. Potenzielle Kunden sind Menschen, die grundsätzlich bereits ein Interesse an dem zeigen, was Sie anzubieten haben. Versuchen Sie niemals, mit Ihren Marketing-Aktivitäten und Ihrer Werbung Kunden zu bekehren nach dem Motto „Du solltest endlich gesünder leben, dann..."

Bedenken Sie: Kaminreinigungsmittel wurden nach einer umfangreichen Studie nicht am erfolgreichsten an die Besitzer der schmutzigsten Kamine verkauft, sondern an die Besitzer der saubersten Kamine!

Grund 10: In Schönheit sterben

Viele Marketingpläne gipfeln in kreativer Werbegestaltung. Das am meisten verbreitete Missverständnis ist jedoch, dass Werbung schön gestaltet und ästhetisch wirken muss. Oftmals wird hier sogar – meist fatalerweise – der Geschmack des Unternehmenschefs als Richtmesser gewählt.

Werbung sollte aber allein danach beurteilt werden, ob sie die gesteckten Ziele für das Unternehmen erreicht oder nicht. Zu schön hat noch selten verkauft.

Kreativität ist auch nicht unbedingt Originalität. Kreativität ist, was verkauft. Denken Sie daran: Nicht wenige preisgekrönten Kampagnen sind sehr schnell gestoppt worden – sie sind in Schönheit gestorben.

Extra 2:

5 + 1 Punkte, auf die Sie Ihre Werbeagentur untersuchen sollten

Nehmen Sie diese Überschrift bitte als kleine Provokation! Viele Werbeagenturen arbeiten sehr gut. Aber es gibt nicht wenige Agenturen, die nicht im Interesse ihrer Kunden arbeiten. Nehmen Sie diese 6 Punkte als Checkliste:

1. *Mitarbeiter von Werbeagenturen sehen sich in erster Linie als Künstler. Ein Werber muss aber Verkäufer sein. Im Ergebnis versuchen Werbeagenturen, Werbung schön zu machen. Schöne Werbung ist oft keine Werbung, die verkauft.*

2. *Werbeagenturen definieren Erfolg der Werbung anders als Unternehmer. Werbeagenturen halten Werbung dann für erfolgreich, wenn sie Aufmerksamkeit, Erinnerungswerte oder Preise bei Wettbewerben erzielt. Für den Unternehmer ist Werbung aber nur dann erfolgreich, wenn sie Verkäufe erzielt.*

3. *Werbeagenturen wollen vor allem teure Konzepte verkaufen – seitenlange „Konzepte" und „Strategien". In Wahrheit sind gute Werbe- und Verkaufsideen immer einfach und können in wenigen Sätzen erklärt werden. Die meisten Werbeagenturen lieben diese Einfachheit nicht, denn für drei Sätze kann eine Werbeagenturen kein hohes Honorar verlangen.*

4. *Werbeagenturen sind im Grunde genommen Umverteiler: Viele Aufträge führen sie mit Hilfe von freischaffenden Textern und Grafikern durch. Diese könnten Sie aber auch selber engagieren, ohne den Aufschlag an die Agentur zu zahlen. Die Vorteile für den Unternehmer sind:*

   a) Kostenersparnis

   b) die Kontrolle bleibt bei ihm

   c) der direkte Draht zu den Kreativen und ihren Ideen wird hergestellt.

5. *Werbeagenturen behandeln kleine und mittelständische Unternehmer oft wie Kunden zweiter Klasse. Im Ergebnis lassen sie deren Aufträge von*

blutjungen Anfängern und Praktikanten ausführen, die wenig Ahnung vom Geschäft haben.

6. *Werbeagenturen wollen Werbemittel verkaufen, die der WA hohe Honorarumsätze versprechen, die aber in der Werbung ziemlich überflüssig sind. Das klassische Beispiel ist die 16-seitige Hochglanz-Image-Broschüre. Kein Kunde will 16 Seiten Lobhudelei über ein Unternehmen lesen. Aber die Mitarbeiter der Werbeagenturen machen immer dann Karriere, wenn sie hohe Honorarumsätze erzielen und nicht dann, wenn sie Ihr Unternehmen erfolgreich machen.*

Fazit

Prüfen Sie Ihre WA anhand der oben aufgeführten Punkte gründlich. Nicht alle WA's sind schlecht. Sorgen Sie dafür, dass Sie nur dann mit einer WA zusammenarbeiten, wenn diese wirklich im Sinne des Unternehmens Werbung macht.

Suchen Sie ansonsten nach freiberuflichen Textern und Grafikern. Halten Sie mit diesen kreativen Menschen Kontakt. Besprechen Sie Ihre Geschäftsmodelle mit ihnen. Sie werden sich wundern, welche Ideen von diesen Leuten kommen.

Extra 3:

Was bedeuten all die Trends für Sie?

Die Verbrauchergewohnheiten unterliegen einem zwar langsamen aber stetigen Wandel. Wer sein Produkt oder seine Dienstleistung nicht den sich wandelnden Bedürfnissen der Kunden anpasst und immer so weiter macht wie bisher, bekommt über kurz oder lang Probleme.

Deshalb ist es für Unternehmer eine wichtige Aufgabe, die Nase im Wind zu behalten. Es ist empfehlenswert, Trends und Entwicklungen im Auge zu behalten, um frühzeitig auf die veränderten Bedürfnisse vorbereitet zu sein – um nicht irgendwann von einem unerwarteten Umsatzeinbruch überrascht zu werden.

Als Ihr Einstieg in die Beschäftigung mit Trends finden Sie deshalb auf den folgenden Seite einige aktuelle Verbraucher- und Marketing-Trends beschrieben, die zu Beginn des 21. Jahrhunderts wichtig sind. Nehmen Sie diesen Einstieg als Anlass, sich von nun an in Ihrer Marketing-Arbeit mit Entwicklungen und Veränderungen konstant zu beschäftigen.

Safety First

Das Bedürfnis nach Sicherheit wächst: Die Reaktion der Menschen auf den World-Trade-Center-Anschlag ist nur der Gipfel einer Entwicklung, die sich schon lange vorher abgezeichnet hat. Es begann mit dem Trend „Cocooning": Dem Rückzug in den sicheren Bereich des Privaten. Steigende Kriminalitätsraten, verbunden mit immer hemmungsloserer Berichterstattung der Medien über Kriege, Katastrophen und Gewalt erzeugen in den Menschen ein steigenden Bedürfnis nach Sicherheit.

Logische Konsequenzen für das Marketing ist, dass Produkte und Dienstleistungen erfolgreich sind, die dieses steigende Sicherheitsbedürfnis befriedigen. Davon profitieren nicht allein die Produkte oder Branchen, die sich klassischerweise mit Sicherheit beschäftigen (wie etwa Alarmanlagen oder Versicherungen). Dieser Trend hat Auswirkungen auf beinahe alle Branchen. Nur ein Beispiel: Reiseveranstalter, die ihren Kunden Sicherheit bieten (bewachte Hotels, ausgeweitete Rücktrittsversicherungen etc.) haben die Nase vorn.

Denkanstöße für Sie: Kommen Ihre Produkte oder Ihre Dienstleistungen dem gestiegenen Sicherheitsbedürfnis nach? Können Sie durch Sicherheits-Zusatzleistungen Ihr Produkt interessanter machen?

Kunden mit grauen Haaren

Noch vor wenigen Jahren wäre es undenkbar gewesen: Ein Kosmetikkonzern sucht sich eine 57-jährige Schauspielerin, die ab sofort als Aushängeschild auf Plakaten und Werbemitteln für seine Produkte wirbt. Jetzt ist es Wirklichkeit: Die fast 60-jährige französische Schauspielerin Catherine Deneuve wirbt seit Herbst 2001 als neue internationale Botschafterin für die bekannte Marke L'Oréal.

Vielleich ist es auch Ihnen schon aufgefallen: Immer mehr reifere Models bevölkern die Anzeigen und Werbespots – ein Trend, der nur noch zunehmen kann, da sich die Alterspyramide zunehmend verändert. Es gibt immer mehr ältere Menschen, die sich in der vom Jugendwahn getriebenen Werbe- und Warenwelt nicht mehr wiederfinden. Immer mehr Unternehmen entdecken Menschen jenseits der 50 als derzeit interessanteste Zielgruppe. Und das betrifft nicht nur nahe liegende Produkte etwa aus dem Gesundheitsbereich. Selbst Versicherungen beginnen heute etwa Vorsorge- und Geldanlage-Produkte speziell für ältere Menschen zu entwickeln.

Denkanstöße für Sie: Ist Ihr Produkt oder Ihre Dienstleistung problemlos für Menschen jenseits der 50 einsetzbar oder bedienbar? Müssen Sie Ihr Produkt seniorengerechter gestalten, damit Sie die größte Zielgruppe der Zukunft bedienen können? Haben Sie Service-Leistungen, die den aktuellen Bedürfnissen reiferer und älterer Menschen entgegenkommen?

Forever young

Dieser Trend ist nur scheinbar ein Widerspruch zum vorangegangenen. Denn die „neuen Alten", wie sie gern genannt werden, haben das steigende Bedürfnis, jünger zu bleiben als sie in Wirklichkeit sind. „Reif werden: ja! Alt werden: nein!" So könnte die Devise lauten. Fitness-Gurus geben in Bestsellern tausendfach die Parole „Forever young" aus.

Eine wachsende Zahl der älteren Menschen lehnt die negativen Seiten des Älterwerdens ab. Altsein wird zunehmend als Krankheit empfunden, die bekämpft werden kann und überwunden werden muss – ein neues Bedürfnis, das durch neue Produkte und neue Dienstleistungen befriedigt werden kann.

Denkanstöße für Sie: Auch wenn Sie in Ihrer Werbung und mit Ihren Produkten ältere Menschen ansprechen, sollten Sie darauf achten, dass Sie die negativen Seiten des Altwerdens nicht herausstellen. Wie können Sie mit Ihren Produkten und Dienstleistungen dabei helfen, älter zu werden, ohne zu altern?

Mass Customization

Das 20. Jahrhundert war das Zeitalter der Massenprodukte. Austauschbar. Billig. In Massen produziert. Dagegen haben die Verbraucher des 21. Jahrhunderts eine zunehmende Abneigung entwickelt. Nach den Jahrzehnten der Austauschbarkeit steigt der Wunsch nach individuellen Produkten, die maßgeschneidert nach den eigenen Wünschen des Konsumenten produziert wurden.

Einen neuen Namen dafür haben die Trendforscher schon gefunden: Mass Customization heißt das Zauberwort. Dahinter stehen Produkte, die auf der einen Seite in Mengen preiswert produziert werden können, auf der anderen Seite aber möglichst weit individualisierbar sind. Wie sieht das in der Praxis aus? Noch im 20. Jahrhundert galt das Fertighaus als große Errungenschaft, weil es den Hausbau erschwinglicher machte. Das reicht dem heutigen Kunden nicht mehr. Er sieht nicht mehr ein, in einem Haus zu leben, das dem anderen so gleicht, wie ein Kaninchenstall dem anderen. Die Reaktion: Fertighaushersteller bieten ihren Kunden heute an, den Grundriss und die Baumaterialien (innerhalb bestimmter Grenzen) selbst bei der Planung zu bestimmen. Heraus kommen individuelle Häuser, die durch Baukastensysteme rationell produziert werden können.

Denkanstöße für Sie: Sind Ihre Produkte ausreichend individualisierbar, so dass Sie Kundenwünsche berücksichtigen können? Können Sie individuelle Leistungen „von der Stange" bieten, ohne den Preis einer „Maßanfertigung" verlangen zu müssen?

Permission Marketing

Experten gehen davon aus, dass der durchschnittliche Verbraucher jährlich rund eine Million Werbebotschaften ausgesetzt ist. Werbespots unterbrechen alle paar Minuten den Spielfilm, Plakate auf Schritt und Tritt, Anzeigen in jeder Zeitung... Überdruss, Ablehnung und bestenfalls noch Nichtbeachtung sind die logische Konsequenz.

Eine Antwort darauf könnte Permission Marketing sein – frei übersetzt etwa: Werbung mit Erlaubnis. Gemeint sind damit Werbe- und Kommunikationsmaßnahmen, zu denen der Kunde sein Einverständnis gegeben hat. Im Gegensatz zum „Interruption Marketing", der herkömmlichen Unterbrecher-Werbung, die den Kunden aus dem Spielfilm herausreißt und ihn ungefragt mit Werbebotschaften überschüttet.

Ein schon klassisches Beispiel für dieses neue Permission-Marketing sind Newsletter per E-Mail: Diese Werbung bekommt der Kunde nur dann, wenn er sein Okay dazu gegeben hat und dem Unternehmen seine E-Mail-Adresse mitgeteilt hat.

Ein weiterer Aspekt: Der E-Mail-Newsletter und die Kundenzeitschrift „erkaufen" sich die Aufmerksamkeit und die Zuwendung des Kunden, indem sie in Vorleistung gehen. Die Kundenzeitschrift bietet dem Kunden im günstigsten Fall wertvolle Information und angenehme Unterhaltung. Das lohnt der Kunden durch mehr Bereitschaft, die Werbung des Unternehmens zu akzeptieren und sich mit ihr zu beschäftigen.

Denkanstöße für Sie:
Was bieten Sie dem Kunden als „Belohnung" dafür an, dass er sich Ihrem Unternehmen und Ihren Werbemaßnahmen zuwendet? Können Sie Vorteile bieten, damit er Ihnen die Erlaubnis zur Werbung erteilt? Bieten Sie in Ihrer Werbung, in Ihren Newslettern und Kundenzeitschriften tatsächlich wertvolle Information oder Unterhaltung, die eine Beschäftigung damit rechtfertigen?

Viral Marketing (oder einfach: Mund-Propaganda)

Viral Marketing ist ein ganz neues Schlagwort. Gemeint ist aber nichts anderes als die gute alte Mund-zu-Mund-Propaganda. Der Begriff Viral Marketing wurde offenbar erfunden, um deutlich zu machen, dass sich die Kunde von neuen Produkten oder Dienstleistungen vor allem im Internet schnell und zuverlässig wie ein Computer-Virus verbreiten kann.

Grund für die Aktualität der Mund-zu-Mund-Propaganda ist der schon oben beschriebene Werbeüberdruss und die Erkenntnis vieler Unternehmen, dass sie die meisten und besten Kunden über Empfehlungen gewinnen. Das Problem dabei jedoch ist, dass sich Mundpropaganda nicht so einfach starten und planen lässt, wie zum Beispiel eine Anzeigenkampagne. Mundpropaganda oder Empfehlungen entstehen nur dann, wenn Sie eine überragende Leistung oder eine so interessante Neuheit bieten, dass es sich für den Menschen lohnt, anderen davon freiwillig zu berichten.

Denkanstöße für Sie: Können Sie ein außergewöhnliches Produkt oder eine Zusatzleistung entwickeln, die Mundpropaganda auslösen könnte? Was tun Sie aktiv dafür, dass Ihre Kunden Ihr Unternehmen weiter empfehlen? (Siehe Kapitel 10)

Ein Wort zum Schluss:

Erfolg erfolgt. Ihre Zukunft wird das Resultat von dem sein, was Sie heute tun.

Wer eine goldene berufliche Zukunft haben will, muss es sich zur Gewohnheit machen, über Positionierung und Marketing nachzudenken. Nicht einmal; nicht sporadisch, vielmehr TÄGLICH.

Mit diesem Handbuch haben Sie einen Begleiter für die tägliche Routine. Setzen Sie die Tipps um. Und nutzen Sie mein „Praxishandbuch Positionierung". Hierin finden Sie die „heißesten" 111+11 Fragen, die Sie zum Nachdenken anregen werden. Sie wissen ja: Die Qualität unserer Fragen bestimmt die Qualität unseres Lebens.

Setzen Sie **IHR** Zeichen. Erfolg erfolgt.

Herzlichst, Ihr

20% mehr verdienen: Hiermit geht's noch einfacher

Alles, was Sie brauchen, um die Mehr-verdienen-Ideen von Bodo Schäfer in Ihrem Leben umzusetzen

Hörbuch „Endlich mehr verdienen"

Vertiefen Sie die Mehr-verdienen-Ideen indem Sie sich von Bodo Schäfer persönlich in seine Strategien einführen lassen – mit dem Hörbuch zu seinem neuen Bestseller „Endlich mehr verdienen". Erleben Sie einen der besten Seminarredner Deutschlands und lassen Sie sich von ihm auf Ihrem Weg zu mehr Einkommen inspirieren.

20 % mehr Einkommen in einem Jahr
4 Audio-CDs in Multibox

Audio-Seminar „Die Kunst, Ihre Zeit zu führen"

Vergessen Sie herkömmliche Zeitplanungs-Techniken! In diesem faszinierenden Seminar zeigt Ihnen Bodo Schäfer, dass es nicht darauf ankommt, möglichst viel in kurzer Zeit zu schaffen. Sie entdecken, wie Sie genau im richtigen Moment Ihre Chancen nutzen.

fin.wis.media GmbH, ISBN 3-936135-00-2,
€ 45,00

Praxishandbuch Marketing

Marketing ist eigentlich ganz einfach: Seine Aufgabe ist es, Kunden zu finden und sie dazu zu bewegen, ein Produkt oder eine Dienstleistung zu kaufen. Doch was sich so leicht sagt, ist eine ganz schön komplizierte Aufgabe. Aus dem Inhalt: Die 7 Gesetze des Marketings • 15 Regeln für verkaufsstarke Texte • In sieben Schritten zum ersten Werbebrief • Erfolgskontrolle für Einsteiger • Ideen und Tipps für Marketing ohne Geld

fin.wis.media GmbH, ISBN 3-936135-08-8,
€ 14,90

fin.wis.media GmbH · Gustav-Stresemann-Straße 19 · 51469 Bergisch Gladbach
Tel.: 0700-346 947 366 · Fax: 0700-346 947 329 · www.finwismedia.de · info@finwismedia.de

Einen ersten Einblick für die Fülle Ihrer finanziellen Möglichkeiten erhalten Sie auf www.reintgen.de

Sie sehen:

- die Produkte
- unsere Musterportfolios
- die Strategie
- unsere Anlagephilosophie

Reintgen Portfolio Consulting GmbH

Gustav-Stresemann-Str. 19
51469 Bergisch Gladbach
Tel.: 0 22 02 / 98 34-0
Fax: 0 22 02 / 98 34-21
E-Mail: info@reintgen.de
Web: www.reintgen.de

»Geh klug mit Deinem Geld um«

So lautet die Regel 26 aus Bodo Schäfers Buch »Die Gesetze der Gewinner«. So einfach dieses Gesetz klingt, stellt sich doch die Frage: was heißt es, klug mit dem eigenen Geld umzugehen?

Sie können sich jetzt Fachwissen anlesen, mit verschiedenen Bankern sprechen, die Börse beobachten und ... und ... und ... Sie können sich aber auch jemanden mit ins Boot holen, der Ihnen beim Thema Geld hilft.

Interessiert es Sie, wie Bodo Schäfer selber sein Geld anlegt? Und wie er über viele Jahre gute zweistellige Renditen erzielt?

Der entscheidende Erfolgsfaktor: Er lässt sein Vermögen von der Firma Reintgen Portfolio Consulting GmbH betreuen. Die Leistungen dieses Unternehmens waren bisher nur wenigen vermögenden Kunden vorbehalten. Auf Bodo Schäfers Bitte hin aber öffnet sich die Reintgen Posrtfolio Consulting GmbH nun Ihnen, den Lesern seiner Bücher.